JN293240

正伝《せいでん》 忍《にん》者《じゃ》塾《じゅく》 上巻《じょうかん》

監修 黒井宏光

伊賀流忍者集団・黒党代表
伊賀流忍術復興保存会会長

忍者《にんじゃ》に学《まな》ぶ 心《しん》・技《ぎ》・体《たい》

[もくじ]

：このマークの項目《こうもく》には実習《じっしゅう》があるよ！

忍者塾《にんじゃじゅく》へよく来た！

ここに来たみんなは「忍者《にんじゃ》のことを知りたい」「忍者《にんじゃ》になってみたい」と思っているのではないだろうか。わたしも子どものころそうだった。そしておとなになって「最後《さいご》の忍者《にんじゃ》」と呼《よ》ばれる川上仁一《かわかみじんいち》先生に出会い、本物《ほんもの》の忍術《にんじゅつ》を教えてもらうことになった。

それまでわたしは、忍者《にんじゃ》は忍器《にんき》と呼《よ》ばれる特殊《とくしゅ》な道具《どうぐ》を開発《かいはつ》し使《つか》いこなす達人《たつじん》だと思っていた。しかし、先生に教わった本当の忍者《にんじゃ》は、つねに目立たず、身《み》のまわりのふつうの道具《どうぐ》を何通りにも使《つか》いこなす知恵《ちえ》を持《も》ち、何よりたくさんの道具《どうぐ》にたよらなくてもいい強い体を作る努力《どりょく》を続《つづ》ける人びとだった。

忍者《にんじゃ》はたった1人でも、自分の知識《ちしき》と知恵《ちえ》を使《つか》ってピンチを切りぬけて生きる力を身《み》につけた存在《そんざい》だ。みんなも、そんな忍者《にんじゃ》の正しい姿《すがた》を知って、忍者《にんじゃ》のトレーニングを体験《たいけん》してほしい。さあ、「忍者塾《にんじゃじゅく》」で始《はじ》めよう！

黒井宏光（くろい・ひろみつ）
伊賀流忍者集団・黒党(くろんど)代表
伊賀流忍術復興保存会会長

子どものころより忍者《にんじゃ》にあこがれ、大学卒業後《そつぎょうご》に時代劇《じだいげき》の殺陣師《たてし》に弟子入《でしい》り。その後、甲賀流《こうかりゅう》伴党《ばんとう》21代目宗家《だいめそうけ》・川上仁一氏《かわかみじんいちし》の弟子《でし》となり、本物《ほんもの》の忍術《にんじゅつ》を学ぶ。

1984年に伊賀流忍者集団《いがりゅうにんじゃしゅうだん》・黒党《くろんど》を結成《けっせい》、日本はもとより海外でも忍者《にんじゃ》ショーや教室を開催《かいさい》。1985年にはより正しい忍術《にんじゅつ》の普及《ふきゅう》を願《ねが》って伊賀流忍術復興保存会《いがりゅうにんじゅつふっこうほぞんかい》を設立《せつりつ》。正しい忍者《にんじゃ》の姿《すがた》と忍術《にんじゅつ》を後世《こうせい》に残《のこ》すため、著作活動《ちょさくかつどう》や書籍《しょせき》・雑誌記事等《ざっしきじとう》の監修《かんしゅう》も多数行っている。伊賀流忍者博物館顧問《いがりゅうにんじゃはくぶつかんこもん》。

「保護者・指導者のみなさまへ」 この本では、忍者についてよく知ってもらうために、危険と思われる事柄でも、歴史的知識として必要と判断されるものは紹介しましたが、絶対にまねをしないでください。また、保護者・指導者のもとで適切に行えば体験可能な事柄は「実習」として区別して掲載してありますので、十分注意して行ってください。なお、万が一傷害や物的破損等が発生しても、監修者および発行者は一切の責任を負いません。

忍者学《にんじゃがく》・序《じょ》

忍者《にんじゃ》の基本《きほん》と掟《おきて》

これから忍術《にんじゅつ》を学ぶ前に、
まずは知っておかねばならぬことがある。
それは忍者《にんじゃ》の基本《きほん》と掟《おきて》だ。
忍者《にんじゃ》の仕事《しごと》がどんなものかを知り、
「起請文《きしょうもん》」で誓《ちか》いを立てないかぎり
忍者修行《にんじゃしゅぎょう》を始《はじ》めてはならぬ。

働

忍者《にんじゃ》の仕事《しごと》

◆戦乱《せんらん》の世《よ》が忍者《にんじゃ》を必要《ひつよう》とした

　現代《げんだい》とちがって電話も電子メールもない時代《じだい》、いかに早くいかに正確《せいかく》に情報《じょうほう》をキャッチし伝達《でんたつ》できるかが、人や国の運命《うんめい》を左右した。とくに戦乱《せんらん》の世《よ》にあっては、敵《てき》がどれくらい軍備《ぐんび》を持《も》ち、どう動《うご》こうとしているのかといった情報《じょうほう》をつかみ、また敵《てき》にニセの情報《じょうほう》を流《なが》したりすることで、戦《いくさ》を有利《ゆうり》にする必要《ひつよう》があった。そこで、情報《じょうほう》のエキスパートが必要《ひつよう》とされ、忍者《にんじゃ》が生まれた。

　忍者《にんじゃ》は伊賀《いが》(今の三重県《みえけん》伊賀市《いがし》と名張市《なばりし》)・甲賀《こうか》(今の滋賀県南部《しがけんなんぶ》)でとくに発展《はってん》していった。

滋賀県《しがけん》
甲賀《こうか》
伊賀《いが》
三重県《みえけん》

◆忍者《にんじゃ》はどんな仕事《しごと》をしていたのか？

戦《いくさ》が続《つづ》いた戦国時代《せんごくじだい》

■敵地《てきち》に潜入《せんにゅう》して情報《じょうほう》を探《さぐ》り持《も》ち帰《かえ》る。
■敵《てき》の武将《ぶしょう》を裏切《うらぎ》らせ、味方《みかた》にする。
■ニセの情報《じょうほう》を流《なが》し、敵《てき》の結束《けっそく》を弱める。
■城攻《しろぜ》めのときに先に忍《しの》びこみ、城内《じょうない》に火をはなったり、ニセの情報《じょうほう》を叫《さけ》んだりして混乱《こんらん》させる。
■城《しろ》に忍《しの》びこみ、武器《ぶき》を使《つか》えなくしたり、中から門の鍵《かぎ》をあけたりする。
★50～300人くらいの数で、城攻《しろぜ》めや火術《かじゅつ》のプロとして戦国大名《せんごくだいみょう》にやとわれることもあった。

あ——
切れてる！
ﾌﾌﾌ…
火事《かじ》だ！

鉄砲組《てっぽうぐみ》

平和《へいわ》が続《つづ》いた江戸時代《えどじだい》

■戦乱《せんらん》が起《お》きないよう、幕府側《ばくふがわ》について情報収集《じょうほうしゅうしゅう》にあたる。
■参勤交代《さんきんこうたい》などで藩主《はんしゅ》が出かけるときの護衛《ごえい》をする。
■得意《とくい》な火術《かじゅつ》をいかして鉄砲組《てっぽうぐみ》として働《はたら》く。
★戦《いくさ》がなくなって仕事《しごと》がへってからは、各地《かくち》の藩《はん》にやとわれたりもした。

スパイとスナイパーとボ
ディーガードをたして3
で割《わ》った感《かん》じ？

「忍術伝書《にんじゅつでんしょ》」は忍者《にんじゃ》の教科書

　江戸時代《えどじだい》になると忍者《にんじゃ》の仕事《しごと》がへり、忍術《にんじゅつ》がすたれてきたため、忍術《にんじゅつ》を後《のち》の時代《じだい》に残《のこ》すために本がいくつも書かれた。こうした本は「忍術伝書《にんじゅつでんしょ》」と呼《よ》ばれた。中でも伊賀《いが》・甲賀《こうか》の忍術《にんじゅつ》を集《あつ》めた『萬川集海《ばんせんしゅうかい》』、『正忍記《しょうにんき》』(または『正忍記《せいにんき》』)、『忍秘伝《しのびひでん》』は三大忍術伝書《にんじゅつでんしょ》と呼《よ》ばれている。技《わざ》や武器《ぶき》のことや鍛錬法《たんれんほう》だけでなく、忍《しの》びこむのに適《てき》した日や、人相《にんそう》から相手《あいて》の性格《せいかく》を知る方法《ほうほう》など、忍者活動《にんじゃかつどう》に必要《ひつよう》なあらゆることが書かれている。まさに忍者《にんじゃ》のための教科書のような本だ。

　しかし、忍術《にんじゅつ》は本だけではわからないことがたくさんある。敵側《てきがわ》の忍者《にんじゃ》やよからぬことをたくらむ者《もの》に盗《ぬす》まれないように、大事《だいじ》なことは「口伝《くでん》」といって紙には書かずに言葉《ことば》だけで伝《つた》えることが多かったのだ。

黒井《くろい》先生も師匠《ししょう》にい
ろいろな忍術伝書《にんじゅつでんしょ》
を見せてもらったこ
とがあるんだって！
いいな～。

力

驚異《きょうい》の運動能力《うんどうのうりょく》

走力

1日で約《やく》200km

豊臣秀吉《とよとみひでよし》(羽柴秀吉《はしばひでよし》)に仕《つか》えた忍者《にんじゃ》は1日で200kmを走ったという。その忍者《にんじゃ》は、足の速《はや》さから「韋駄天《いだてん》」という異名《いみょう》を持《も》ち、仲間《なかま》の5倍《ばい》の給料《きゅうりょう》をもらっていた。現代人《げんだいじん》のフルマラソンで走る距離《きょり》は42.195km。韋駄天《いだてん》は、1日にフルマラソンを4.7回分も続《つづ》けられた!?

水戸《みと》〜江戸間往復《えどかんおうふく》 12時間で約《やく》240km

水戸藩《みとはん》の小宮山仁衛門《こみやまじんえもん》という忍者《にんじゃ》は、12時間で約《やく》240kmを走ったという。半日でフルマラソン約《やく》6回分の距離《きょり》を走ったことになる!

歩力

7日で960km

水戸藩《みとはん》の忍者《にんじゃ》の記録《きろく》。往復《おうふく》960km、東京から鹿児島《かごしま》県《けん》くらいの距離《きょり》をたった1週間で歩いた。江戸時代《えどじだい》のふつうの人は半分の距離《きょり》の東京から京都《きょうと》まで約《やく》490kmを歩くのに、2週間かかっていたから、4倍《ばい》の歩力だ。

こんな超人的《ちょうじんてき》な能力《のうりょく》を身《み》につけるために、日夜きびしい鍛錬《たんれん》をしたのも、忍者《にんじゃ》の仕事《しごと》が命《いのち》がけだったからだ。
すっげー! オリンピックに出たら金メダル級《きゅう》?

◆こんなにすごい! 忍者《にんじゃ》の記録《きろく》

ふつうの人にはできない仕事《しごと》をこなす忍者《にんじゃ》は日ごろから、きびしい修行《しゅぎょう》をつみ、心と体を極限《きょくげん》まで鍛《きた》えあげる。その結果《けっか》、現代人《げんだいじん》から考えると超人的《ちょうじんてき》としかいえないような精神力《せいしんりょく》と運動能力《うんどうのうりょく》を身《み》につけていた。どんなにすごかったか、現在伝《げんざいつた》わっている記録《きろく》で見てみよう。

ジャンプ力

高跳《たかと》び、約《やく》2m70cm

忍術伝書《にんじゅつでんしょ》によると、サッカーのゴールよりも高いところまでほとんど助走《じょそう》なしで跳《と》んだという。現代《げんだい》の助走《じょそう》ありの走《はし》り高跳《たかと》びの男子世界記録《せかいきろく》は2m45cm、ちなみにカンガルーは2m50cm!

とりゃー
2m70cm
負《ま》けた
2m44cm

幅跳《はばと》び、約《やく》5m45cm

助走《じょそう》なしで、約《やく》5m45cmの幅《はば》を跳《と》べる忍者《にんじゃ》もいた。現代《げんだい》の助走《じょそう》ありの走《はし》り幅跳《はばと》びの男子世界記録《せかいきろく》は8m95cm。

小学生男子4人分
スタッ

掟
忍者《にんじゃ》のルール

◆「正しい心」で忍術《にんじゅつ》を使《つか》え！

超人的《ちょうじんてき》な運動能力《うんどうのうりょく》と忍術《にんじゅつ》をそなえる忍者《にんじゃ》が、もし、その能力《のうりょく》を使《つか》って、自分勝手《じぶんかって》に好《す》きなことをしたら大変《たいへん》なことになる。

そこで忍者《にんじゃ》は「正心《せいしん》」という教えを徹底的《てっていてき》にたたきこまれた。

- つねに正しい心を保《たも》つ
- 忍術《にんじゅつ》を自分のために使《つか》ってはいけない、仕《つか》える国※のためだけに使《つか》う
- 秘密《ひみつ》は決《けっ》してもらさない

これが忍者《にんじゃ》のルール＝もっとも大切な掟《おきて》なのだ。

※国：忍者《にんじゃ》が活躍《かつやく》した時代《じだい》の「国」とは、日本の中の「伊賀国《いがのくに》」（今の三《み》重県《えけん》伊賀市《いがし》と名張市《なばりし》）や「美濃国《みののくに》」（今の岐阜県南部《ぎふけんなんぶ》）といった地域《ちいき》ごとのまとまり。今の県《けん》に似《に》ているが、当時は国どうしは敵《てき》であることも多かった。

◆忍者《にんじゃ》が守《まも》るきびしい掟《おきて》

「正心《せいしん》」を守《まも》り、仕事《しごと》を成功《せいこう》させるために、忍者《にんじゃ》には禁止《きんし》されていることも多かった。中でも「酒《さけ》・色《いろ》・欲《よく》」を三禁《さんきん》と呼《よ》んで、きびしく禁止《きんし》していた。

また、火薬《かやく》の製法《せいほう》や秘密《ひみつ》の術《じゅつ》を勝手《かって》に他人《たにん》に話すことも禁止《きんし》されていた。もし話したら、話した人も聞いた人も殺《ころ》されてしまうほどきびしい掟《おきて》だった。

「抜《ぬ》け忍《にん》」は一生追《お》われた？

マンガや映画《えいが》では、自分の意志《いし》で忍者《にんじゃ》をやめた主人公《しゅじんこう》が、裏切《うらぎ》り者《もの》としてずっと仲間《なかま》に追《お》われ続《つづ》ける、というエピソードが出てくる。忍者《にんじゃ》のきびしい掟《おきて》を感《かん》じさせるような話だが、じつはそんなことはなかったようだ。たった１人を追《お》いかけるために、わざわざ腕《うで》のいい忍者《にんじゃ》たちを送《おく》りだすなんてムダが多い。それよりも国のために仕事《しごと》をしたほうがずっといい。

◆忍者《にんじゃ》になるための誓《ちか》い「起請文《きしょうもん》」

忍者《にんじゃ》は忍術《にんじゅつ》を習《なら》いはじめるときや、ほかの忍者《にんじゃ》から技《わざ》を教えてもらうとき、誓《ちか》いを立て、それを文章《ぶんしょう》にして保管《ほかん》した。「起請文《きしょうもん》」と呼《よ》ばれるものだ。「自分が習《なら》った忍術《にんじゅつ》は国のため以外《いがい》には使《つか》いません。神《かみ》や仏《ほとけ》に誓《ちか》って、この掟《おきて》を守《まも》ります。掟《おきて》をやぶったらどんな罰《ばつ》でも受《う》けます」というように書き、自分の名前を書いた。忍者《にんじゃ》はたいてい5～6歳《さい》くらいで起請文《きしょうもん》を書いていた。

誓《ちか》います！
うむ！

忍者《にんじゃ》として生きるには、相当《そうとう》の覚悟《かくご》が必要《ひつよう》なのだ。守《まも》れるか？
きびしい！ あの、ボクちょっとおしゃべりなんですが…。
あ～ら、そんなことで大丈夫《だいじょうぶ》かしら！？

忍者《にんじゃ》ミニ知識《ちしき》
忍者《にんじゃ》はどこで何歳《なんさい》から修行《しゅぎょう》を始《はじ》めたの？

忍術《にんじゅつ》は親が子に教えたり、経験《けいけん》をつんだ忍者《にんじゃ》が若《わか》い忍者《にんじゃ》に教えることが多かったようだ。早いときは言葉《ことば》が話せるようになった3歳《さい》くらいから修行《しゅぎょう》を始《はじ》めることもあった。ちなみに13歳《さい》くらいから一人前《いちにんまえ》の忍者《にんじゃ》として働《はたら》いていた者《もの》もいるそうだ。江戸時代《えどじだい》にはふつうの人でも、男は15歳《さい》、女は13歳《さい》くらいからおとなとして扱《あつか》われていた。

実習《じっしゅう》の時間

起請文《きしょうもん》を書く！

この本で忍術《にんじゅつ》を学ぶ者《もの》は、かならず誓《ちか》いを立て、起請文《きしょうもん》を書かなければならない。

用意《ようい》する物《もの》

◉紙：コピー用紙のような白い紙（毛筆《もうひつ》で書くなら半紙）2枚《まい》。
◉筆記用具《ひっきようぐ》：消《け》せないボールペンやサインペン。書道ができれば、墨《すみ》と毛筆《もうひつ》。

起請文《きしょうもん》の書き方

①心を落《お》ちつけ、誓《ちか》いの文の意味《いみ》を考えながら、ゆっくり書く。
②書きおわったらもう1枚《まい》の紙で包《つつ》み、封《ふう》をする。
③ときどき包《つつ》みをとりだして、忍者《にんじゃ》として正しく行動《こうどう》しているか、ふりかえって考える。

起《き》請《しょう》文《もん》

わたしは忍術《にんじゅつ》を学ぶにあたり、
忍者《にんじゃ》の掟《おきて》にしたがって次《つぎ》のことを誓《ちか》います。
一、学んだことを悪《わる》いことには絶対《ぜったい》に使《つか》いません。
二、中途半端《ちゅうとはんぱ》な技《わざ》を使《つか》ったりしません。
三、学んだことを人前で見せびらかしたりしません。
四、人や物《もの》、動植物《どうしょくぶつ》を傷《きず》つけることはしません。
五、秘密《ひみつ》を守《まも》り、教えにそむくことはしません。
どれかひとつでも誓《ちか》いをやぶったときには、
どんな罰《ばつ》でも受《う》けます。

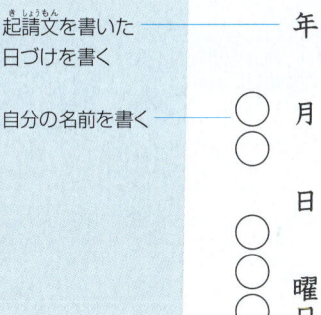

年　月　日　曜日

○○　○○○

起請文《きしょうもん》を書いた日づけを書く

自分の名前を書く

起《き》請《しょう》文《もん》

1

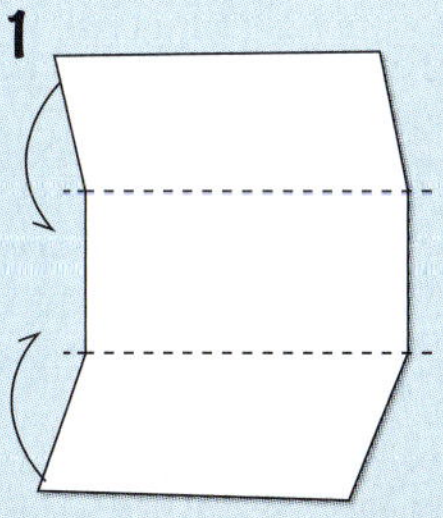

書いてある面《めん》が内側《うちがわ》になるよう、三《み》ツ折《お》りにする。
★きれいに三《み》ツ折《お》りにしないと、うまく包《つつ》めない。

2

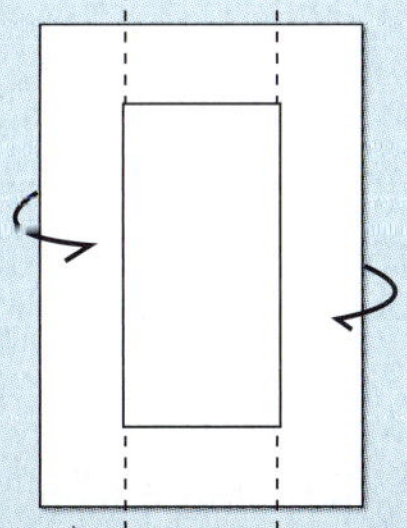

もう１枚《まい》の紙をたてにおき、その上に三《み》ツ折《お》りにした起請文《きしょうもん》をおく。左右を起請文《きしょうもん》に合わせて折《お》る。

3

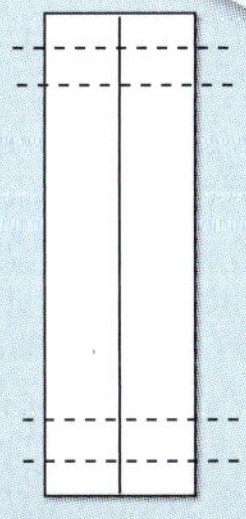

上下も起請文《きしょうもん》に合わせて折《お》る。折《お》った部分《ぶぶん》をもう１回内側《うちがわ》に折《お》りこむ。

4

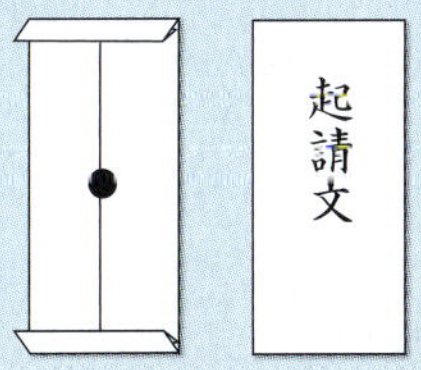

シールなどをまん中にはる。
★表《おもて》には、「起請文《きしょうもん》」と書いておく。

キミは忍者《にんじゃ》に向《む》いているか？ 適性《てきせい》チェック

質問《しつもん》に「はい」か「いいえ」で答えて、🌀と×の数を数えよう。

	はい	いいえ
クラスでは目立つほうだ	🌀	×
運動神経《うんどうしんけい》はいいほうだ	×	🌀
きれい好《ず》きなほうだ	×	🌀
話を聞くより話すほうが得意《とくい》	🌀	×
カンはいいほうだ	×	🌀
自分はふつうの小学生だと思う	×	🌀
人よりも背《せ》が高いほうだ	🌀	×
ものまねが得意《とくい》	×	🌀
体はじょうぶで病気《びょうき》しにくい	×	🌀
本はあまり読まない	🌀	×
だれとでも友だちになれる	×	🌀
何かを１人でコツコツするのが好《す》き	×	🌀
理科の授業《じゅぎょう》はにがて	🌀	×
考えたり工夫《くふう》したりするのが好《す》き	×	🌀
秘密《ひみつ》は絶対《ぜったい》に守《まも》れる	×	🌀

🌀と×ではどちらが多かったかな？ じつは×が多いほど、忍者向《にんじゃむ》きの性格《せいかく》といえる。
もし、🌀が多くても大丈夫《だいじょうぶ》。これからの修行《しゅぎょう》で忍者《にんじゃ》に必要《ひつよう》なことを教えていくので、心配《しんぱい》ない！

忍者《にんじゃ》に向《む》いているのはこんな人！

ふつうすぎて特徴《とくちょう》がない

人の中で目立たないのは有利《ゆうり》！

人の話をよく聞ける

情報収集《じょうほうしゅうしゅう》は忍者《にんじゃ》の大事《だいじ》な仕事《しごと》！

地味《じみ》な修行《しゅぎょう》でもコツコツ続《つづ》けられる

すごい技《わざ》ほど長い修行《しゅぎょう》が必要《ひつよう》！

困《こま》ったときでも考えて切りぬけられる

落《お》ちついて応用《おうよう》してこそ忍者《にんじゃ》！

忍者学《にんじゃがく》・序《じょ》　修了問題《しゅうりょうもんだい》

めざせ 忍者《にんじゃ》！

次《つぎ》のうち忍者《にんじゃ》の掟《おきて》はどれか。

（１）いつも心を正しく保《たも》つこと＝「正心《せいしん》」
（２）絶対《ぜったい》にうそはつかないこと＝「誠心《せいしん》」
（３）よいことしか行わないこと＝「清心《せいしん》」

この本（上《じょう》・下巻《げかん》）ではそれぞれの章《しょう》のあとに問題《もんだい》がある。全問正解《ぜんもんせいかい》すると忍者塾修了書《にんじゃじゅくしゅうりょうしょ》を授《さず》ける。くわしくは下巻《げかん》38ページを見よ。

忍者学《にんじゃがく》その①

忍者日常科《にんじゃにちじょうか》

忍者《にんじゃ》になるための修行《しゅぎょう》を始《はじ》める。
最初《さいしょ》はふだんの
暮《く》らしのことから教える。
といっても忍者《にんじゃ》の「ふだん」は
ふつうの人のふだんとはちょっとちがう。
これからの忍者《にんじゃ》生活の
基本《きほん》になることだから、
しっかり学ばなければならない。

衣 服装《ふくそう》と持《も》ち物《もの》

目立たないことが第一《だいいち》！ 応用力《おうようりょく》で切りぬけよ

頭巾《ずきん》：幅《はば》30cm、長さ2mくらいの1枚布《まいぬの》か、2枚《まい》を組み合わせて巻《ま》く。

上衣《うわぎ》：色は黒ではなく、藍《あい》という植物《しょくぶつ》と鉄分《てつぶん》の多い湧《わ》き水《みず》で作った染料《せんりょう》で染《そ》める濃《こ》い紺色《こんいろ》。クレ染《ぞ》めという。
独特《どくとく》のにおいがあり野山ではマムシや虫よけになり、闇《やみ》にまぎれることができる。

帯《おび》：かならず前で結《むす》ぶ。後ろだと転《ころ》がったときに腰《こし》にあたる。

手甲《てっこう》：

上衣《うわぎ》のそでやはかまのすそは細くなっている。忍《しの》びこむときには、じゃまにならないよう、そでは手甲《てっこう》で、はかまのすそは脚絆《きゃはん》でおさえておく。

この装束《しょうぞく》には、日本人の昔《むかし》からの知恵《ちえ》もいかされている。上衣《うわぎ》の内側《うちがわ》にたくさんポケットがついているのは、鎧《よろい》の下《した》着《ぎ》にも見られる工夫《くふう》で、ぬれては困《こま》る物《もの》を入れた。

はかま：ふたつに割《わ》れていて動《うご》きやすく、ぬがなくても大小便《だいしょうべん》ができる。

脚絆《きゃはん》：ひもは、ひざをついたときのクッションになるよう前で結《むす》ぶ。結《むす》び目《め》やはしは、引っかからないよう中に折《お》りこむ。

はき物《もの》：夜は白っぽいものが目立つので、黒足袋《くろたび》や黒く染《そ》めたわらじを使《つか》う。

これは現代《げんだい》の地下足袋《じかたび》。

ポイント

- ■暗《くら》いところでは肌《はだ》が出ていると目立つので、できるだけ肌《はだ》を隠《かく》す。
- ■茶色や灰色《はいいろ》の装束《しょうぞく》もあり、場所《ばしょ》や明るさなどで使《つか》いわける。表《おもて》と裏《うら》で色がちがう装束《しょうぞく》もある。
- ■荷物《にもつ》は背負《せお》い袋《ぶくろ》に入れる。
- ■戦《いくさ》に参加《さんか》するときは、忍者《にんじゃ》も甲冑《かっちゅう》を着《き》る。
- ■男女でちがいはない。

◆「忍《しの》び装束《しょうぞく》」は野良着《のらぎ》から生まれた

忍者《にんじゃ》の服装《ふくそう》で思いうかぶのは、黒頭巾《くろずきん》に黒装束《くろしょうぞく》だろう。だがじつはまっ黒の忍《しの》び装束《しょうぞく》はまずなかった。昔《むかし》の伊賀《いが》・甲賀地方《こうかちほう》では紺色《こんいろ》で、これは農民《のうみん》の作業着《さぎょうぎ》=野良着《のらぎ》だった。実際《じっさい》に忍者《にんじゃ》は、忍者《にんじゃ》としての仕事《しごと》がないときは農作業《のうさぎょう》をしていた。

もともと作業着《さぎょうぎ》だから体にぴったり合っていてじゃまにならず、着《き》たまま外を歩いていても怪《あや》しまれない。やがて、人目をさけて活動《かつどう》する忍者《にんじゃ》の仕事《しごと》をするときにも、着《き》るようになった。

◆目立たないのが忍者《にんじゃ》ファッション

忍者《にんじゃ》は正体《しょうたい》がばれないよう、見かけはいつもふつうの人でなければならない。そこで仕事《しごと》で旅《たび》をしたり、よその国で情報《じょうほう》を集《あつ》めたりするときには、旅《たび》をしていてもおかしくない職業《しょくぎょう》の服装《ふくそう》で出かけ、よその国ではその国のふつうの人の服装《ふくそう》をするのが忍者《にんじゃ》のファッションだ。

◆いつでもどこでも！ 携帯食《けいたいしょく》

忍者《にんじゃ》は人里離《ひとざとはな》れた山の中を何日も歩いたり、忍《しの》びこんだ先でじっとチャンスを待《ま》たねばならないときもある。空腹《くうふく》にもたえられるようきびしい修行《しゅぎょう》をする一方で、小さくて持《も》ち運《はこ》びやすくいたみにくい、栄養《えいよう》のある携帯食料《けいたいしょくりょう》を工《く》夫《ふう》した。

かた焼《や》き

忍者《にんじゃ》の携帯食《けいたいしょく》

干《ほ》し飯《いい》：むしたコメを干《ほ》して乾《かわ》かしたもの。そのまま食べても、水やお湯《ゆ》でふやかしてもよい。ふつうの人も旅《たび》をしているときなどに食べることがあった。

玉だすき：サトイモなどのくきを干《ほ》したズイキを玉にしてネックレスのように糸でつなぎ、肩《かた》からかけた。少しずつ煮《に》て食べた。

水渇丸《すいかつがん》：だ液《えき》を出すことでのどの渇《かわ》きをおさえる。梅干《うめぼ》し+氷砂糖《こおりざとう》+麦《ばっ》角《かく》（ムギにつく菌《きん》の一種《いっしゅ》）をたたいて細かくして丸める。

飢渇丸《きかつがん》：コウライニンジン（なければ京ニンジン）+ソバ粉《こ》+小麦粉《こむぎこ》+ヤマイモ+カンゾウ+ハトムギ+もち米を粉《こな》にして酒《さけ》に3年つけ、酒《さけ》が乾《かわ》いたら丸める。1日3つぶでつかれない、といわれた。

かた焼《や》き：玄米《げんまい》や小麦《こむぎ》を粉《こな》にして、かたく焼《や》いたもので、日もちがよい。今でも伊賀《いが》ではお土産《みやげ》として売られている。

玉だすき

麦角《ばっかく》

コウライニンジン

京ニンジン

★おもに戦場《せんじょう》で食べた。忍《しの》びこむときにはじゃまになるので携帯《けいたい》しなかった。

忍者《にんじゃ》ミニ知識《ちしき》　食で力がアップする？

忍者《にんじゃ》は食《た》べ物《もの》について、こんなことも信《しん》じて実行《じっこう》していた！

うずらの卵《たまご》：うずらが敵《てき》におそわれたときに隠《かく》れる形をまねた「うずら隠《がく》れ」がうまくなると信《しん》じて好《この》んで食べた。

動物《どうぶつ》の肉：「食べるとカンがくるう」といわれていたから、なるべく食べないようにしていた。

みんなは「ばかばかしい！」と思うかもしれない。でも、命《いのち》がけで働《はたら》いていた忍者《にんじゃ》はカンを大切にしていたのだ。

うわ、便利《べんり》～！
でも小さくて、お腹《なか》へりそう…。

実習《じっしゅう》の時間　忍者《にんじゃ》の食事《しょくじ》を体験《たいけん》する！

おとなに協力《きょうりょく》してもらい、忍者《にんじゃ》の食事《しょくじ》を味《あじ》わってみよ。

ご飯《はん》：いつものコメに、ハトムギや雑穀《ざっこく》※をまぜてたく。

おかず：野菜《やさい》やイモの煮物《にもの》、梅干《うめぼ》し。魚がつけばごちそうだ！

みそ汁《しる》：とうふ入り。

ふりかけ：ゴマをふりかける。

お茶：ハトムギ茶やクマザサ茶を飲《の》んでみよう。ペットボトル入りもある。

おやつ：クリやクルミなどの木《き》の実《み》、ゴマのついた和菓子《わがし》。

忍者《にんじゃ》の食事《しょくじ》は特別《とくべつ》なものばかりではない。昔《むかし》のふつうの日本人と同じで、雑穀《ざっこく》やイモ、とうふやみそ、梅干《うめぼ》し、野菜《やさい》などをバランスよく食べていた。

※雑穀《ざっこく》：コメ、ムギ以外《いがい》の穀物《こくもつ》のこと。アワやヒエのほか、キビ、マメやソバ、ゴマなど。

住

忍者《にんじゃ》の住《す》まい

ライバルから大事《だいじ》な秘密《ひみつ》を守《まも》りぬけ

◆だれが住《す》んでいた？「忍者屋敷《にんじゃやしき》」

敵《てき》の侵入《しんにゅう》を防《ふせ》ぐしかけがある屋敷《やしき》はよく「忍者《にんじゃ》屋敷《やしき》」などといわれるが、こういう屋敷《やしき》に住《す》んでいたのは、おもに大名《だいみょう》など、身分《みぶん》が高くて命《いのち》をねらわれる危険《きけん》がある人たちだった。

忍者《にんじゃ》の中でもしかけのある家に住《す》んでいたのは、火薬《かやく》を扱《あつか》う忍者《にんじゃ》たちだ。火薬《かやく》の作り方は、もっとも重要《じゅうよう》な秘密《ひみつ》だった。ライバルの忍者《にんじゃ》がその秘《ひ》密《みつ》をねらって忍《しの》びこんで来たときに、隠《かく》したり、持《も》ちだして逃《に》げる時間をかせぐために、住《す》まいにいろいろとしかけを作った。

伊賀流忍者博物館《いがりゅうにんじゃはくぶつかん》の忍者屋敷《にんじゃやしき》(復元《ふくげん》)

3階《がい》
中《ちゅう》2階《かい》
1階《かい》

隠《かく》ればしご：外から見たら1階建《かいだ》てだが、じつは中《ちゅう》2階《かい》や3階《がい》がある。隠《かく》してあるはしごを降《お》ろして上がる。

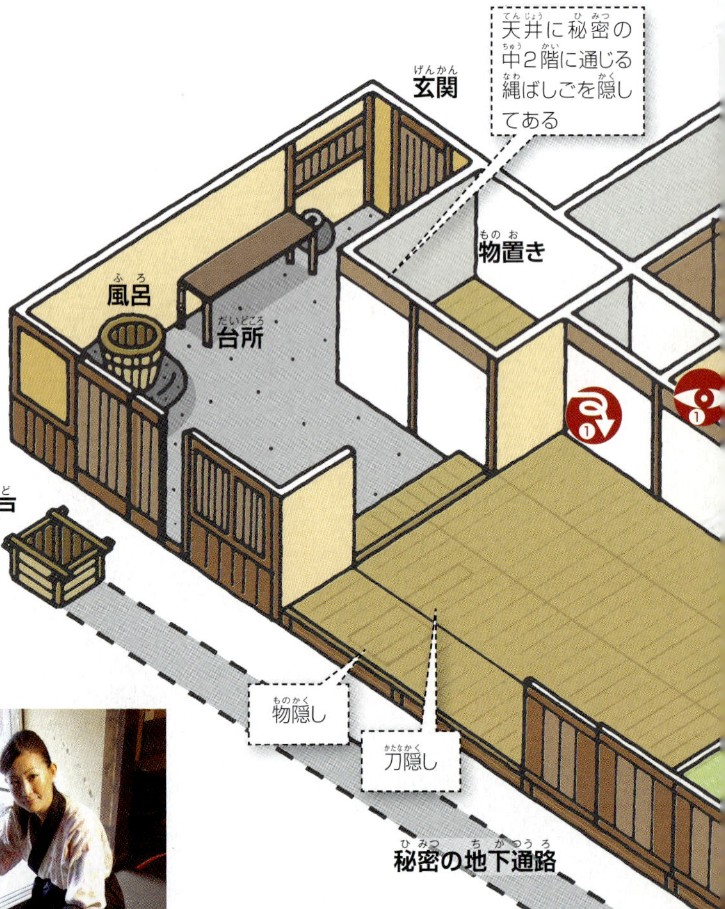

天井《てんじょう》に秘密《ひみつ》の中《ちゅう》2階《かい》に通じる縄《なわ》ばしごを隠《かく》してある
玄関《げんかん》
物置《ものお》き
風呂《ふろ》
台所《だいどころ》
井戸《いど》
物隠《ものかく》し
刀隠《かたなかく》し
秘密《ひみつ》の地下通路《ちかつうろ》

物隠《ものかく》し：ふつうは大事《だいじ》な物《もの》は家の奥《おく》のほうに隠《かく》すことが多いから、その逆《ぎゃく》をついて室外に隠《かく》し場所《ばしょ》を作った。障子《しょうじ》をしめておけば気づかれない。

ふつうの縁側《えんがわ》や板《いた》の間《ま》が…

刀隠《かたなかく》し：床《ゆか》の一部《いちぶ》に刀などの武器《ぶき》を隠《かく》してある。はしをふまないと開《ひら》かないしかけなので、ふつうに上を歩いても気づかれない。

忍者対策《にんじゃたいさく》のしかけもあった！

　逆《ぎゃく》に武家屋敷《ぶけやしき》には忍者《にんじゃ》などの侵入《しんにゅう》を防《ふせ》ぐためのしかけが作られていた。

うぐいす張《ば》りのろうか：歩くときゅっきゅっとうぐいすが鳴くような音がするろうか。その音で侵入者《しんにゅうしゃ》がわかる。

武者隠《むしゃかく》し：刀や槍《やり》を持《も》った侍《さむらい》が隠《かく》れている。

落《お》とし穴《あな》：階段《かいだん》がとちゅうまでしかなく、落《お》とし穴《あな》になっている。暗《くら》いと見えないので侵入者《しんにゅうしゃ》は落《お》ちてしまう。

段差《だんさ》：部屋《へや》によって床《ゆか》に段差《だんさ》を作り、侵入者《しんにゅうしゃ》をつまずかせる。

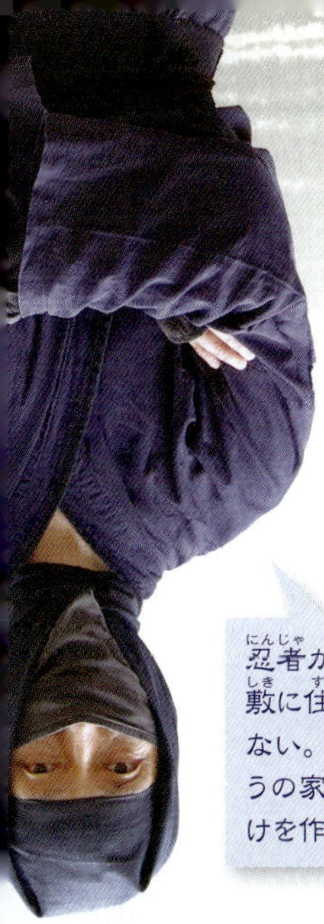

忍者《にんじゃ》がみんな、こんな屋《や》敷《しき》に住《す》んでいたわけではない。多くの忍者《にんじゃ》はふつうの家に工夫《くふう》できるしかけを作って住《す》んでいた。

ふつうのかべに見えても…

秘密《ひみつ》のとびら：かべの左はしをおすと開《ひら》くようになっている。

すごい、住《す》みたーい！
伊賀市《いがし》・名張市《なばりし》で昭《しょう》和《わ》40年代《ねんだい》に行った調《ちょう》査《さ》では、200軒《けん》くらいの忍者《にんじゃ》の屋敷《やしき》が残《のこ》っていたんだって。
縁側《えんがわ》
床の間《とこのま》
しかけ戸
床の間《とこのま》にある棚《たな》は、じつは、はしごになっている
秘密《ひみつ》の見張《みは》り部屋《べや》。外や物隠《ものかく》しを見張《みは》る
縁側《えんがわ》
部屋《へや》から見るとふつうの仏壇《ぶつだん》がある
秘密《ひみつ》の地下室への階段《かいだん》

どんでん返《がえ》し：まん中に軸《じく》があり片側《かたがわ》をおすと回転《かいてん》して開《ひら》くしかけになっていて、秘密《ひみつ》の部屋《へや》や通路《つうろ》に通じている。

しかけ戸：家の中からこっそりぬけだせる。外からはあけられないようになっている。

見張《みは》り場《ば》：敵《てき》の侵入《しんにゅう》や外のようすを、気づかれないよう中《ちゅう》2階《かい》からこっそり見張《みは》る場所《ばしょ》。

忍者《にんじゃ》社会科見学

世界《せかい》でここだけ！
忍者《にんじゃ》が本当に住《す》んでいた家

甲賀流忍術屋敷《こうかりゅうにんじゅつやしき》
望月出雲守旧宅《もちづきいずものかみきゅうたく》

江戸時代《えどじだい》に甲賀忍者《こうかにんじゃ》が住《す》んでいた屋敷《やしき》

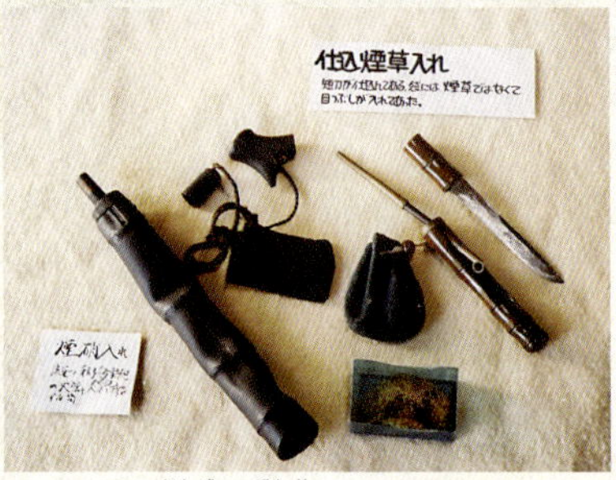

いろいろな忍具《にんぐ》も展示《てんじ》

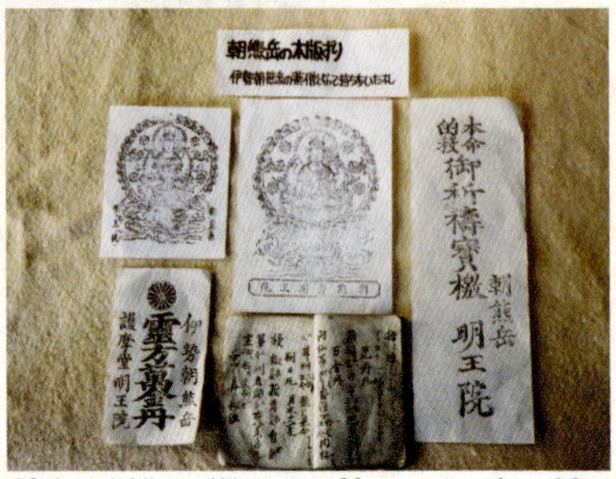

甲賀《こうか》の忍者《にんじゃ》が薬《くすり》を売る僧《そう》となって持《も》ち歩《ある》いていたお札《ふだ》

忍者《にんじゃ》の里だった甲賀《こうか》には、実際《じっさい》に忍者《にんじゃ》が住《す》んでいた家が今も残《のこ》っている。

この家は甲賀五十三家《こうかごじゅうさんけ》という甲賀忍者《こうかにんじゃ》の筆頭《ひっとう》、望月出雲守《もちづきいずものかみ》の住居《じゅうきょ》として江戸時代《えどじだい》に建《た》てられたもので、日本で唯一《ゆいいつ》、もともとあった場所《ばしょ》に残《のこ》っている忍者《にんじゃ》の屋敷《やしき》だ。

外見はふつうの家だが、中にはさまざまなしかけがほどこしてある。14、15ページで紹介《しょうかい》したようなしかけ以外《いがい》にも、なんと家の中に深《ふか》さ6mもある落《お》とし穴《あな》がある。

甲賀忍者《こうかにんじゃ》は薬《くすり》の調合《ちょうごう》を得意《とくい》とし、望月家《もちづきけ》も明治《めいじ》のはじめごろまでは、表向《おもてむ》きはお寺や神社《じんじゃ》のお札《ふだ》や薬《くすり》を売り歩くことを仕事《しごと》としていた。今でも甲賀地方《こうかちほう》には薬《くすり》の製造会社《せいぞうがいしゃ》が多いそうだ。

協力《きょうりょく》：甲賀流忍術屋敷《こうかりゅうにんじゅつやしき》

甲賀流忍術屋敷　望月出雲守旧宅

◎〒520-3311 滋賀県甲賀市甲南町竜法師2331
◎電話：0748(86)2179
◎FAX：0748(86)7505
◎開館時間　9:00〜17:00(入館は16:30まで)
◎休館日　12/27〜1/1まで6日間　その他の日は無休
◎入館料　大人(中学生以上)600円、小学生300円、幼児無料
団体入館料：30名以上　大人(中学生以上)550円、小学生250円
※情報は2011年9月のもので、変わる場合もあります。

屋敷《やしき》の中ではさまざまなしかけを見ることができます

忍者学《にんじゃがく》その①　修了問題《しゅうりょうもんだい》

めざせ 忍者《にんじゃ》！

忍者《にんじゃ》の服装《ふくそう》で一番大切なことは何か。

(1)どんな場合でもかならず忍《しの》び装束《しょうぞく》で出かけること
(2)人よりも一歩進《すす》んだ個性的《こせいてき》な服装《ふくそう》を心がけること
(3)まわりにとけこみ目立たない服装《ふくそう》をすること

この本(上《じょう》・下巻《げかん》)ではそれぞれの章《しょう》のあとに問題《もんだい》がある。全問正解《ぜんもんせいかい》すると忍者塾修了書《にんじゃじゅくしゅうりょうしょ》を授《さず》ける。くわしくは下巻《げかん》38ページを見よ。

忍者学《にんじゃがく》その②

鍛錬科《たんれんか》

ここからは忍者《にんじゃ》の技《わざ》を
身《み》につけるための修行《しゅぎょう》を始《はじ》める。
忍者《にんじゃ》は生きぬくために
心と体を強くしなければならない。
中にはきびしいものもあるので、
くれぐれも注意《ちゅうい》してとりくむように。
けがをしたら忍者《にんじゃ》の仕事《しごと》は
つとまらない。

忍者学《にんじゃがく》その②
鍛錬科《たんれんか》

心

メンタル・トレーニング

どんなときでも動《どう》じない強い心を養《やしな》え

◆忍者《にんじゃ》の鍛錬《たんれん》はまず「心」から

忍者《にんじゃ》の仕事《しごと》は命《いのち》がけだ。いつどこでどんな危険《きけん》な目にあうかわからない。何があってもつねに落《お》ちついて行動《こうどう》ができるよう、忍者《にんじゃ》は心を鍛《きた》えておく必要《ひつよう》がある。そうしなければ、いくら体を鍛《きた》え技《わざ》を身《み》につけても、その能力《のうりょく》を最大限《さいだいげん》に発揮《はっき》することはできない。

実習《じっしゅう》の時間

九字護身法《くじごしんほう》

印《いん》の結《むす》び方《かた》：両手《りょうて》を胸《むね》の前で組み合わせて行う。両手《りょうて》が離《はな》れないで、なめらかに動《うご》かせるよう毎日くりかえし練習《れんしゅう》を続《つづ》ける。月や太陽《たいよう》のほうを向《む》いて、力をもらうつもりで行う。

臨［りん］人《ひと》さし指《ゆび》を立てる。ほかの指《ゆび》は組む。親指《おやゆび》は組まずに立ててそろえる。

兵［ぴょう］中指《なかゆび》を立てて、人《ひと》さし指《ゆび》をくぐらせる。

闘［とう］小指《こゆび》、親指《おやゆび》を立ててそろえ、ほかの指《ゆび》は組む。

者［しゃ］人《ひと》さし指《ゆび》を立てる。ほかの指《ゆび》は内《うち》側《がわ》に入るよう組む。

皆［かい］すべての指《ゆび》をたがいちがいに組む。

陣［じん］すべての指《ゆび》を内側《うちがわ》に入るよう組む。

列［れつ］左手の親指《おやゆび》を立て、右手でにぎる。

在［ざい］手のひらを前に向《む》け親指《おやゆび》、人《ひと》さし指《ゆび》をつける。三角になったところにのぼってくる朝日を入れるとよい。

前［ぜん］軽《かる》くにぎった左手を、右手で包《つつ》む。

伊賀《いが》・甲賀《こうか》に伝《つた》わる熊《くま》野《の》の修験道《しゅげんどう》に由来《ゆらい》する方法《ほうほう》では、「ア」「キ」「サ」「タ」「カ」「ハ」「ワ」「ヤ」「エ」の九《く》字《じ》を唱《とな》えて行う。九《く》字護身法《じごしんほう》は9×9=81通りあるといわれるほど、さまざまな方《ほう》法《ほう》がある。

◆心を落《お》ちつけ勇気《ゆうき》を出す「九字護身法《くじごしんほう》」

忍者《にんじゃ》が心を強くするために行っていたトレーニング方法《ほうほう》のひとつが「九字護身法《くじごしんほう》」だ。

心を落《お》ちつけ、集中《しゅうちゅう》し、「臨《りん》・兵《びょう》・闘《とう》・者《しゃ》・皆《かい》・陣《じん》・列《れつ》・在《ざい》・前《ぜん》」という9つの文字を唱《とな》えながら、両手《りょうて》で印《いん》を結《むす》んだり※、手刀《しゅとう》を決《き》められた型《かた》どおりに動《うご》かしたりする。

これは呪文《じゅもん》で敵《てき》をたおすわけではない。ふだんから心を落《お》ちつけトレーニングをくりかえすことで、ピンチのときにも九字《くじ》を唱《とな》えることで冷静《れいせい》さをとりもどし、何ものも恐《おそ》れず、勇気《ゆうき》と知恵《ちえ》が自然《しぜん》と湧《わ》いてくるようになるのだ。

※印《いん》を結《むす》ぶ：神仏《しんぶつ》などの力を借《か》りるため、手で特定《とくてい》の形を作ること。

「臨《りん》・兵《びょう》・闘《とう》・者《しゃ》・皆《かい》・陣《じん》・列《れつ》・在《ざい》・前《ぜん》」は「兵《へい》に臨《のぞ》んで闘《たたか》う者《もの》は皆陣列前《みなじんれつまえ》に在《あ》り」、つまり闘《たたか》うときは最前列《さいぜんれつ》に立て！ と自分を勇気《ゆうき》づける意味《いみ》がある。

忍者《にんじゃ》ミニ知識《ちしき》

忍者《にんじゃ》はおまじない好《ず》きだった!?

忍術《にんじゅつ》の中には「邪避香《じゃひこう》」という魔《ま》よけの香《こう》を使《つか》ったり、お札《ふだ》や呪文《じゅもん》など、不思議《ふしぎ》な力に期待《きたい》するものもたくさんあった。人の力の限界《げんかい》をこえたい、自分の中にまだ眠《ねむ》っている能力《のうりょく》を何とかして引きだしたい、と考えていたからだ。

命《いのち》がけの仕事《しごと》をしなければならないことの多い忍者《にんじゃ》。自らを信《しん》じる力も大事《だいじ》だったのだ。

忍者《にんじゃ》が使《つか》っていた、人からの災《わざわ》いをさけるお札《ふだ》（右）と、人と仲《なか》よくなれるお札《ふだ》

手刀《しゅとう》

手を刀に見立てて行う方法《ほうほう》。

① 左手をにぎって腰《こし》にあて、さやの代《か》わりにする。右手の人《ひと》さし指《ゆび》と中指《なかゆび》を立て刀の代《か》わりにし、左手のさやにおさめる。

② 右手の手刀《しゅとう》を左手のさやからぬいて、九字《くじ》を唱《とな》えながら空《くう》を切る。

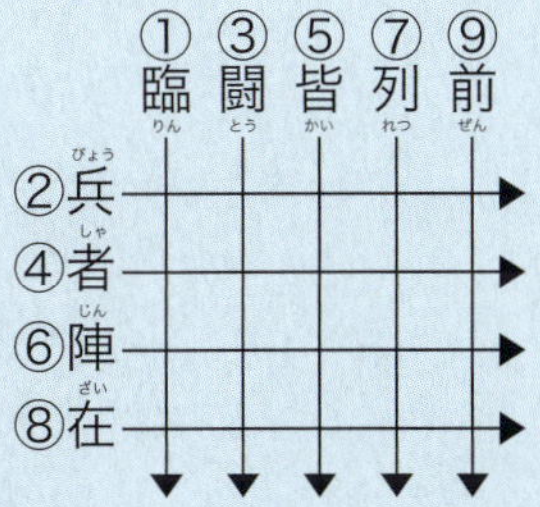

③ 右手の手刀《しゅとう》を左手のさやへもどす。

★忍者《にんじゃ》は「刀印《とういん》」といって短刀《たんとう》で行うこともあるが、危険《きけん》なのでみんなは絶対《ぜったい》に行ってはならない。

十字法《じゅうじほう》

さらに力を発揮《はっき》したいときには、「九字《くじ》」にもう1文字たす「十字法《じゅうじほう》」を行う。

①まず「九字護身法《くじごしんほう》」を行う。

②そのときどきの状況《じょうきょう》に必要《ひつよう》な文字を1文字、指《ゆび》で手のひらに書いて、にぎりしめる。

困《こま》ったときになって急《きゅう》に行っても効果《こうか》はない。ふだんからくりかえしているからこそ、いざというときに効《き》き目《め》があるのだ。

王 [おう] 自分の力を出したいとき

勝 [しょう] 勝負《しょうぶ》に勝《か》ちたいとき

天 [てん] リラックスしたいとき

是 [ぜ] 病気《びょうき》やけがを早く治《なお》したいとき

命 [めい] きらいなものを食べるとき

鬼 [き] こわい場所《ばしょ》を通るとき

大 [だい] 喜《よろこ》びを大きくしたいとき

龍 [りゅう] 海や川で事故《じこ》がないよう祈《いの》るとき

虎 [こ] 野や山で事故《じこ》がないよう祈《いの》るとき

水 [すい] いやなことを水に流《なが》したいとき

日本では「言霊《ことだま》」といって、言葉《ことば》に霊《れい》が宿《やど》るという考えが昔《むかし》から伝《つた》わっているのだ。

忍者学《にんじゃがく》その②
鍛錬科《たんれんか》

体 フィジカル・トレーニング

困難《こんなん》な任務《にんむ》を達成《たっせい》するため、体を鍛《きた》えあげよ

この章《しょう》の実習《じっしゅう》で紹介《しょうかい》する、体を動《うご》かすトレーニングをする前には、ラジオ体操《たいそう》や柔軟体操《じゅうなんたいそう》を行うこと。毎日15分くらいの短《みじか》い時間で、体操《たいそう》＋トレーニングを無理《むり》なく続《つづ》けるとよい！

【見る】

◆暗闇《くらやみ》でも見える目に!?

遠く離《はな》れた場所《ばしょ》のようすをうかがったり、まったく光がない暗闇《くらやみ》の中で活動《かつどう》したりする忍者《にんじゃ》にとって、見る力は大切だ。そのため、さまざまな鍛錬《たんれん》方法《ほうほう》が考えだされた。

忍者《にんじゃ》が目を鍛《きた》えた方法《ほうほう》
燈火目付《とうかめつけ》

①暗闇《くらやみ》の中で、瞬《まばた》きせずにろうそくの火を見つめる。限界《げんかい》になったら目をとじ、心を静《しず》める。

②①をくりかえしたら、次《つぎ》は針《はり》で小さな穴《あな》をいくつかあけた紙でろうそくのまわりをおおい、離《はな》れたところから穴《あな》をじっと見つめる。慣《な》れたらしだいに距離《きょり》を離《はな》していき、穴《あな》の数を数える。

忍者《にんじゃ》ミニ知識《ちしき》
忍者《にんじゃ》の時代《じだい》の暗《くら》さとは？

忍者《にんじゃ》が活躍《かつやく》していたのは電気がない時代《じだい》。林や森も多く、現代《げんだい》よりもずっと暗《くら》い。月が出ていないと外はまっ暗《くら》で、のばした自分の手の指先《ゆびさき》が見えないほどだ。明かりといえば、ろうそくやあんどんしかないので、部屋《へや》の中もすみのほうは暗《くら》くて何も見えない。忍者《にんじゃ》の術《じゅつ》や仕事《しごと》は、そんな中で行われていたことを覚《おぼ》えておこう。

そのほかの方法《ほうほう》

●明るい場所《ばしょ》と暗《くら》い場所《ばしょ》を行ったり来たりする。
急《きゅう》に明るいところや暗《くら》いところへ出ても、すぐ目が慣《な》れて見えるようにする。

●サンショウの実《み》の塩《しお》ゆでを食べる。
昔《むかし》は、「サンショウはお腹《なか》にはいいが目によくない」とされていたがじつは目によく、忍《にん》者《じゃ》がわざと反対《はんたい》の説《せつ》を広めたのでは？ ともいわれる。

●薬草《やくそう》をせんじた汁《しる》で目をあらう。

忍者《にんじゃ》が実際《じっさい》に行っていた方法《ほうほう》を紹《しょう》介《かい》したが、中にはそのときだけ効《こう》果《か》があるように思えてもあとで目を悪《わる》くするものもある。絶対《ぜったい》にまねをしてはならぬ。

そこまでするなんて、大変《たいへん》な仕事《しごと》なのね。

え〜、こわいよ！

【聞く】

◆小さな音も聞きのがさない

忍者《にんじゃ》が聞く力を鍛《きた》えたのは、天井裏《てんじょううら》や床下《ゆかした》に忍《しの》んで密談《みつだん》を聞きとるためと、身《み》にせまる危険《きけん》をすばやく知って逃《に》げるため。どんな小さな音でも聞きのがさないよう、くりかえし鍛錬《たんれん》を行った。忍者《にんじゃ》は遠くから来る馬の足音だけで、何頭いるかわかったという。

忍者《にんじゃ》が耳を鍛《きた》えた方法《ほうほう》
小音聞《さおとき》き

①静《しず》かな部屋《へや》で砥石《といし》※や板《いた》の上に、ぬい針《ばり》を落《お》とし、その音を聞きとる。

②ほかの人に針《はり》を落《お》としてもらい、しだいに距離《きょり》を離《はな》していく。

③慣《な》れてきたら、一度《いちど》にたくさんの針《はり》を落《お》として、何本落《お》ちたかを聞きとる。

※砥石《といし》：刃物《はもの》の刃《は》をとぐために使《つか》う石。

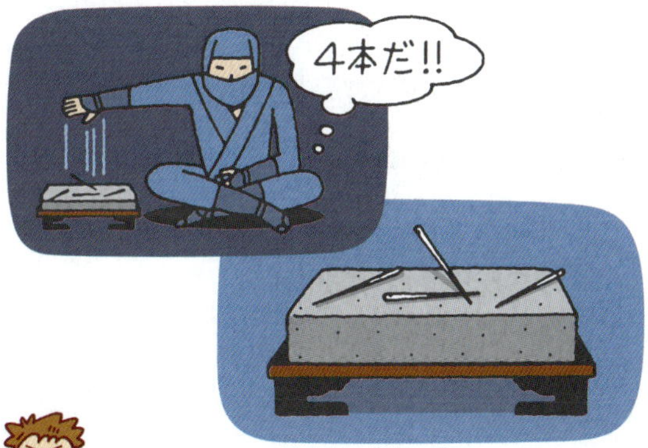
4本だ!!

忍者《にんじゃ》ミニ知識《ちしき》

道具《どうぐ》の力を借《か》りる

いくら耳を鍛《きた》えても、限度《げんど》はある。そういう場合は道具《どうぐ》で工夫《くふう》するのが忍者《にんじゃ》。密談《みつだん》を聞くときには、「忍《しの》び筒《づつ》」という竹筒《たけづつ》や、「聞《き》き筒《づつ》」というのび縮《ちぢ》みする金属製《きんぞくせい》の道具《どうぐ》も使《つか》った。

忍《しの》び筒《づつ》

ヒソヒソ

聞《き》き筒《づつ》

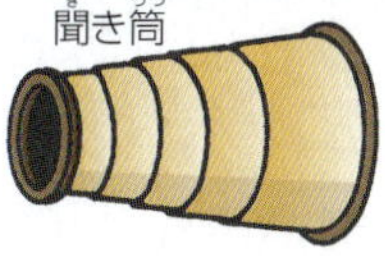

実習《じっしゅう》の時間

集中力《しゅうちゅうりょく》もアップする!? 「天鼓《てんこ》」

勉強《べんきょう》や読書でつかれたとき、頭をスッキリさせたいときに行うとよい。毎日続《つづ》ける必要《ひつよう》はない。

忍者《にんじゃ》が耳の鍛錬《たんれん》に行った方法《ほうほう》のひとつに「天鼓《てんこ》」がある。聞く力だけでなく頭がスッキリして集中力《しゅうちゅうりょく》もアップするという。小さな音も聞きのがさないためには、集中力《しゅうちゅうりょく》が欠《か》かせないのだ!

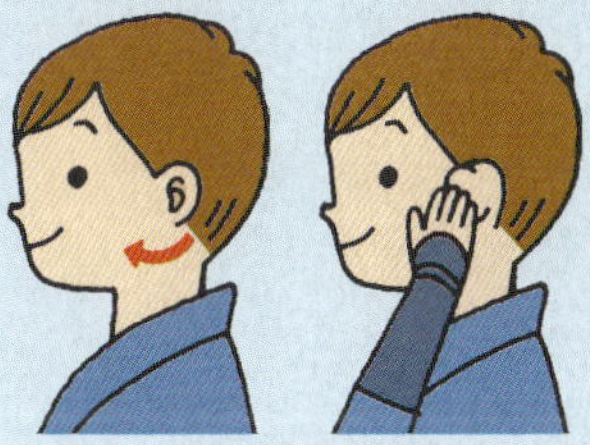

①耳を前にたおし、指《ゆび》でおさえておく。

②たおした上から耳を指《ゆび》で軽《かる》くはじく。

★強くはじかないこと。

忍者学《にんじゃがく》その②

鍛錬科《たんれんか》

体 フィジカル・トレーニング

【歩く】

◆ゆっくり静《しず》かに！ 忍者《にんじゃ》の歩法《ほほう》

昔《むかし》の人は家の中にお金や大切な物《もの》をすべておいていたので、怪《あや》しい物音《ものおと》に対《たい》しては敏感《びんかん》だった。また、昔《むかし》の夜は今とちがって雑音《ざつおん》が少なく、とても静《しず》かで、ちょっとした音でもよく響《ひび》いた。

そこで忍者《にんじゃ》は、建物《たてもの》の中で音を立てずに歩く方法《ほうほう》を徹底的《てっていてき》に練習《れんしゅう》した。たくさんの歩法《ほほう》を身《み》につけておき、その場の状況《じょうきょう》でうまく使《つか》いわけるのだ。

忍《しの》びこむ先はまっ暗《くら》だ！ 物《もの》をしまう場所《ばしょ》が少なかった昔《むかし》の家では、床《ゆか》の上に物《もの》がおいてあるので注意《ちゅうい》せよ。片方《かたほう》の手をつねに前に出しておくと、かべや柱《はしら》にぶつからない！

基本《きほん》の歩法《ほほう》 忍《しの》び足《あし》

まっ暗《くら》な中、段差《だんさ》や物《もの》がたくさんある建物《たてもの》の中を静《しず》かに歩く歩法《ほほう》。

①「抜《ぬ》き足《あし》」水の中からぬきあげるつもりで、そっと足を上げる。

段差《だんさ》や物《もの》につまずかないよう、ももを高く上げる。

②「差《さ》し足《あし》」その足をそっとさしだすように前に出し、小指《こゆび》からゆっくり着地《ちゃくち》する。

それでも音がするときは、つま先からそっと着地《ちゃくち》する「浮《う》き足《あし》」に変《か》える。

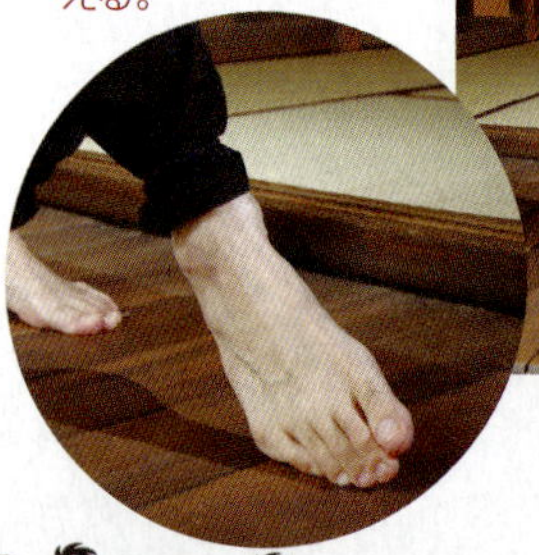

段差《だんさ》に備《そな》える すり足

段差《だんさ》などでつまずかないようにする歩法《ほほう》。

足を上げず、床《ゆか》をするようにゆっくり足を出す。

小さな段差《だんさ》も、縁側《えんがわ》のように急《きゅう》に落《お》ちてしまうところも、これならわかる。

攻撃《こうげき》をかわしやすい 締《し》め足《あし》

体のバランスをくずさず敵《てき》の攻撃《こうげき》をよけられる歩法《ほほう》。

①敵《てき》がいそうだと思ったら、「締《し》め足《あし》」に変《か》える。すり足の歩法《ほほう》で、内またにして、ひざがこすれるくらいにして歩く。

②敵《てき》が斬《き》りかかってきたら、大きく横《よこ》に1歩ふみだして体を低《ひく》くしてよける。

刀をぬきやすい 刻《きざ》み足《あし》

いつでも刀をぬき斬《き》りかかることができる歩法《ほほう》。
敵《てき》の気配《けはい》を感《かん》じたら、刀に手をかけたまま、右足を前にして足も体もななめ向《む》きで少しずつ進《すす》む歩法《ほほう》に変《か》える。

❂足は交互《こうご》には出さず、つねに右足が前になる。

もっとも静《しず》かな 深草兎歩《しんそうとほ》

もっとも音を立てず、物《もの》につまずかない究極《きゅうきょく》の歩法《ほほう》。
物《もの》がいろいろおかれている、人が寝《ね》ている部屋《へや》などを歩くときに使《つか》う。
しゃがんだ姿勢《しせい》で手の甲《こう》の上に足をのせて歩く。

❂低《ひく》い姿勢《しせい》なので斬《き》りつけられてもよけやすい。
❂手のひらは敏感《びんかん》なので、まっ暗《くら》でも床《ゆか》のようすがよくわかる。
❂細長く切った厚《あつ》い和紙《わし》を奥歯《おくば》でかむようにすると、呼吸《こきゅう》があらくなっても気づかれにくい。

そのほかの歩法《ほほう》

跳《と》び足《あし》：物《もの》がちらかっているろうかなどでは、ジグザグに跳《と》んで歩く。

片足《かたあし》：せまくて物《もの》があるところは、片方《かたほう》の足で跳《と》びこえながら歩く。

常《つね》の足《あし》：ふつうの歩き方。といっても江戸時代《えどじだい》までの日本人は、右足と右手、左足と左手をいっしょに出すのがふつうだったようだ。

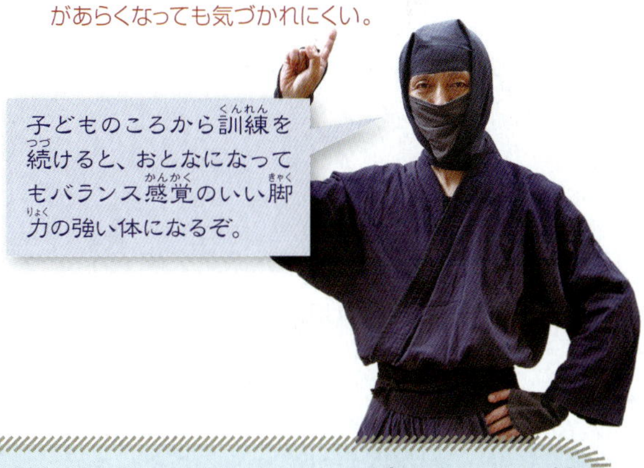

子どものころから訓練《くんれん》を続《つづ》けると、おとなになってもバランス感覚《かんかく》のいい脚力《きゃくりょく》の強い体になるぞ。

実習《じっしゅう》の時間 忍者式脚力《にんじゃしききゃくりょく》アップ法《ほう》

脚力《きゃくりょく》を鍛《きた》える方法《ほうほう》を教える。少しずつでよいので、毎日続《つづ》けよう。まず軽《かる》い体操《たいそう》などで体をほぐしてから行うとよい。

基本《きほん》の鍛錬方法《たんれんほうほう》

①つま先を内側《うちがわ》に向《む》け、肩幅《かたはば》より少し広めに足を開《ひら》く。
②腰《こし》を落《お》として、ひざを締《し》める。

③ひざから上を左右に大きくゆっくり動《うご》かす。
★脚力《きゃくりょく》と、とっさのときによけられるバランス感覚《かんかく》が身《み》につく。

つまずきにくくなる鍛錬方法《たんれんほうほう》

①ひざの裏《うら》に、足の甲《こう》をつける。
②交互《こうご》に行いながら階段《かいだん》をのぼる。

★足を高く上げて歩く習慣《しゅうかん》がつくので、つまずきにくくなる。

ステップアップ **「深草兎歩《しんそうとほ》」に挑戦《ちょうせん》！**
体がやわらかい子どものときから、「深草兎歩《しんそうとほ》」の練習《れんしゅう》をしておく。慣《な》れてくると、この姿勢《しせい》で走れる子どももいる。

体 フィジカル・トレーニング

【走る】

◆昔《むかし》の日本人はあまり走らなかった？

忍術伝書《にんじゅつでんしょ》の中で「○○走り」とあっても、じつは「歩法《ほほう》」のことだったりするものもある。江戸時《えどじ》代《だい》くらいまでは、日本人にとって走ることはあまりふつうのことではなく、飛脚《ひきゃく》※などの特別《とくべつ》な職業《しょくぎょう》の人以外《いがい》は走ることは少なかったようだ。

※飛脚《ひきゃく》：手紙や物《もの》などを運《はこ》ぶ職業《しょくぎょう》。

横走り《よこばしり》

かべを背《せ》にするので背後《はいご》を気にせず、歩幅《ほはば》を大きくとれ、速《はや》く歩ける。

①かべやへいを背《せ》にしてスタート。

②後《うし》ろ側《がわ》の足と手を同時に前側《まえがわ》によせて交《こう》差《さ》する。

③手足をいっしょに大きく開《ひら》いて進《すす》む。

★左手と左足、右手と右足といったように同《おな》じ側《がわ》が前に来るようにする。

犬走り

床下《ゆかした》や天井裏《てんじょううら》など、立って歩けないときに使《つか》う。
犬の歩き方をまねて、手をついて進《すす》む。

狐走り《きつねばしり》

「犬走り」でつま先立ちになる。音がしなくなる。

◆つかれないことが第一《だいいち》！ 忍者《にんじゃ》の走法《そうほう》

忍者《にんじゃ》は別名《べつめい》「早道《はやみち》の者《もの》」とも呼《よ》ばれている。電話も電子メールもない時代《じだい》に、手に入れた情報《じょうほう》をいち早く伝《つた》えるには、走って届《とど》けるしかなかった。そんなときに、できるだけ長くつかれずに走るには呼吸方法《こきゅうほうほう》が大切だ。

実習《じっしゅう》の時間

伊賀流千里善走之法《いがりゅうせんりぜんそうのほう》「二重息吹《ふたえいぶき》」

伊賀忍者《いがにんじゃ》の走法《そうほう》の極意《ごくい》を教えよう。「二重息吹《ふたえいぶき》」という特殊《とくしゅ》な呼吸法《こきゅうほう》だ。

- 走るときに「吸《す》う・吐《は》く・吐《は》く」「吸《す》う・吐《は》く」「吸《す》う・吸《す》う・吐《は》く」をくりかえす。
- 走ったあとや激《はげ》しい運動《うんどう》をしたあとにも、この呼《こ》吸法《きゅうほう》を使《つか》うと早く呼吸《こきゅう》が元にもどる。

あごを引いて走ることが重要《じゅうよう》だ。そのためには遠くを見ずに近くを見るようにすればいい。あごが上がると呼吸《こきゅう》が乱《みだ》れて早くつかれるぞ。

★ふつうの呼吸《こきゅう》より酸素《さんそ》がたくさんとれる。

★くりかえしリズムよく呼吸《こきゅう》することに集中《しゅうちゅう》するので、よけいなことを考えずにすむ。

【登《のぼ》る】

◆腕《うで》と指《ゆび》の力で自分の体を引きあげる

歩法《ほほう》や走法《そうほう》が目を引く忍者《にんじゃ》だが、腕《うで》や指《ゆび》の力も大切だ。忍者《にんじゃ》は城《しろ》や屋敷《やしき》に忍《しの》びこむとき、何の道《どう》具《ぐ》も使《つか》わず素手《すで》で石垣《いしがき》を登《のぼ》ったり、忍《しの》びこんだ先で天井《てんじょう》からぶらさがったりすることもある。自分の体重《たいじゅう》を片腕《かたうで》だけでささえたり、引きあげたりできなければならない。ふだんから腕《うで》や指《ゆび》も鍛《きた》えておく必要《ひつよう》がある。

たとえ、五寸釘《ごすんくぎ》やかすがい、鉤縄《かぎなわ》などの道具《どうぐ》を使《つか》って登《のぼ》る場合でも、最終的《さいしゅうてき》にたよりになるのは自分の腕《うで》と指《ゆび》の力だ。

しまった！ 食べすぎて体が重《おも》くて登《のぼ》れないよ〜。
あ！ このために食事《しょくじ》に気をつけろっていわれたのね！

忍者《にんじゃ》ミニ知識《ちしき》　まだある！ 過酷《かこく》な忍者《にんじゃ》の修行法《しゅぎょうほう》

忍者《にんじゃ》の修行《しゅぎょう》はきびしいものが多かった。

たとえば「山駆《やまが》け」。道もない山の中を全速力《ぜんそくりょく》でひたすら走《はし》り続《つづ》ける修行《しゅぎょう》だ。また、食事《しょくじ》を何回もぬいて空腹《くうふく》にたえてから、今度《こんど》は満腹《まんぷく》になってもまだ食べるということをくりかえす修行《しゅぎょう》もあった。

任務《にんむ》に失敗《しっぱい》すると命《いのち》をうしなうこともある忍者《にんじゃ》は、修行《しゅぎょう》も中途半端《ちゅうとはんぱ》なものではなかったのだ。

このような修行法《しゅぎょうほう》は決《けっ》してまねしてはいけない。

実習《じっしゅう》の時間　忍者式腕力《にんじゃしきわんりょく》・握力《あくりょく》アップ法《ほう》

忍者《にんじゃ》は手先が器用《きよう》でないとならないので、現代《げんだい》の鉄《てつ》アレーのようなものを使《つか》う鍛錬《たんれん》は手首のやわらかさがなくなるとして、行わなかった。ただやみくもに鍛《きた》えればいいというわけではないのだ。

腕力《わんりょく》・握力《あくりょく》を鍛《きた》える

高い鉄棒《てつぼう》やじょうぶな木の枝《えだ》にぶらさがりじっとそのままでいる。

★毎日少しずつ、ぶらさがっている時間を長くしていく。

じーっ

指《ゆび》の力を鍛《きた》える

①両腕《りょううで》を前にのばし、手の指《ゆび》を開《ひら》く。

②指《ゆび》の第一関節《だいいちかんせつ》と第二関節《だいにかんせつ》をぎゅっと曲《ま》げる。

③親指《おやゆび》を外に出したグーの形ににぎる。

①〜③を何度《なんど》もくりかえす。

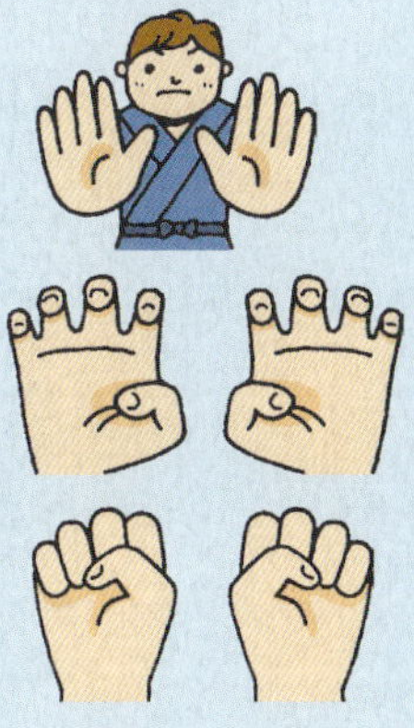

忍者学《にんじゃがく》その②
鍛錬科《たんれんか》

体 フィジカル・トレーニング

【跳《と》ぶ】

♦人を跳《と》びこえる!? 忍者《にんじゃ》のジャンプ力

忍者《にんじゃ》は跳《と》んで、へいや木の枝《えだ》に飛《と》びつけるのはあたりまえ。助走《じょそう》なしで立っている人を跳《と》びこせたり、あぐらをかいて座《すわ》った状態《じょうたい》からジャンプして天井《てんじょう》をけって元にもどれたという。

そんなジャンプ力をつけるために、忍者《にんじゃ》は小さいときから脚力《きゃくりょく》を鍛《きた》えた。

忍者《にんじゃ》ミニ知識《ちしき》 忍者《にんじゃ》がかかる3つの病気《びょうき》?

忍術伝書《にんじゅつでんしょ》には、忍者《にんじゃ》がかかりやすい3つの「病《やまい》」に気をつけろ、と書かれている。それは「恐怖心《きょうふしん》を持《も》つこと」「敵《てき》を軽《かる》く見ること」「考えすぎること」だ。この3つは忍者《にんじゃ》にとって命《いのち》にかかわる。日ごろから気をつけておかねばならぬ。

ジャンプ力をつける鍛錬法《たんれんほう》

穴《あな》から跳《と》びだす

①自分の肩幅《かたはば》よりちょっと広い穴《あな》をほる。最初《さいしょ》は深《ふか》さ3cmくらい。
②その穴《あな》から跳《と》びだす。
★助走《じょそう》なしで、なるべく手の勢《いきお》いも使《つか》わずに跳《と》ぶ。
③だんだん穴《あな》を深《ふか》くしていき、毎日続《つづ》ける。
★足首やひざの屈伸《くっしん》もできるだけ使《つか》わずにジャンプすることで、足の指《ゆび》が鍛《きた》えられる!
④慣《な》れたら鎖帷子《くさりかたびら》などの重《おも》いものを身《み》につけて跳《と》びだす。

ここで紹介《しょうかい》した方法《ほうほう》は本格的《ほんかくてき》な鍛錬《たんれん》をつんでいない者《もの》はまねしてはならぬ。みんなは「実習《じっしゅう》の時間」で教える方法《ほうほう》でトレーニングするように!

かべをかけあがる訓練《くんれん》

縮地《しゅくち》

板《いた》をななめに立てかけ、その上を全力《ぜんりょく》でかけあがる。上達《じょうたつ》するにしたがい、板《いた》の角度《かくど》をきつくしていく。

実習《じっしゅう》の時間

ジャンプ力アップ法《ほう》

家でもかんたんにジャンプ力をつけられる方法《ほうほう》を教えよう。

①腕立《うでた》てふせの形になる。 ②足はつま先立ちにする。 ③足の指《ゆび》をしっかり立て、そのままの姿勢《しせい》を保《たも》つ。

★最初《さいしょ》は30秒《びょう》くらいから、だんだん時間をのばしていく。3分間できれば十分だ。
★足の筋肉《きんにく》・足の指《ゆび》の力だけではなく、腹筋《ふっきん》や腕《うで》の力も鍛《きた》えられる!

3分できるようになったら、このままの姿勢《しせい》で足だけ軽《かる》く跳《は》ねるという鍛錬法《たんれんほう》もあるぞ。

【降《お》りる】

飛《と》び降《お》りる技《わざ》や、その鍛錬《たんれん》はきわめて危《き》険《けん》なので絶対《ぜったい》にまねしてはならぬ！

◆恐怖心《きょうふしん》をおさえる！ 飛《と》び降《お》り技《わざ》

きびしい修行《しゅぎょう》をつんでいる忍者《にんじゃ》といえども、高いところから飛《と》び降《お》りるのはこわい。こわいと思うと緊張《きんちょう》して手足が動《うご》かなくなり、バランスをくずして危険《きけん》なため、恐怖心《きょうふしん》をなくす方法《ほうほう》を考えた。

飛《と》び降《お》りるときのコツ

目線を低《ひく》くせよ

しゃがんでから飛《と》び降《お》りると、高さを感《かん》じにくく、恐怖心《きょうふしん》が少なくなる。

高い…！
よし！

猫《ねこ》のように飛《と》び降《お》りる

足だけでなく両手《りょうて》も使《つか》い、猫《ねこ》をまねしてふわりとやわらかく着地《ちゃくち》する。刀をさしていれば、刀をしっぽに見立て、両手《りょうて》・両足《りょうあし》・刀の5点で衝撃《しょうげき》を分散《ぶんさん》する。

地降傘《じおりがさ》

とても高いところからは、羽織《はおり》をムササビのように広げ、パラシュートのようにして飛《と》び降《お》りる。本当にパラシュートの役目《やくめ》をするというよりは、これで大丈夫《だいじょうぶ》、と恐怖心《きょうふしん》をやわらげる効《こう》果《か》がある。

羽織《はおり》
大丈夫《だいじょうぶ》！

きびしい足首の鍛錬《たんれん》

高いところから飛《と》び降《お》りても足首を痛《いた》めなくするため、足の指《ゆび》を内側《うちがわ》に向《む》け足首を折《お》った形で甲《こう》を地面《じめん》について歩く鍛錬《たんれん》もした。最低《さいてい》1里《り》(約《やく》4km)は歩けるように鍛錬《たんれん》したのだ。この歩き方で足の悪《わる》い人のふりをして関所《せきしょ》を通ったりもする。

これで4km

実習《じっしゅう》を行うときの注意《ちゅうい》

何度《なんど》も注意《ちゅうい》しているが、「実習《じっしゅう》」で行ってもいいとしているもの以外《いがい》は、絶対《ぜったい》にまねしてはならぬ。昔《むかし》の忍者《にんじゃ》は任務《にんむ》のためにこんなきびしい鍛錬《たんれん》をしていたんだ、という知識《ちしき》を得《え》ればよいのだ。

- 鍛錬《たんれん》を行う前には準備運動《じゅんびうんどう》をする。
- まわりにぶつかるような物《もの》がないか、確《たし》かめてから行う。
- 15分くらいの時間にまとめて行う。
- 少しずつでよいので毎日続《つづ》ける。

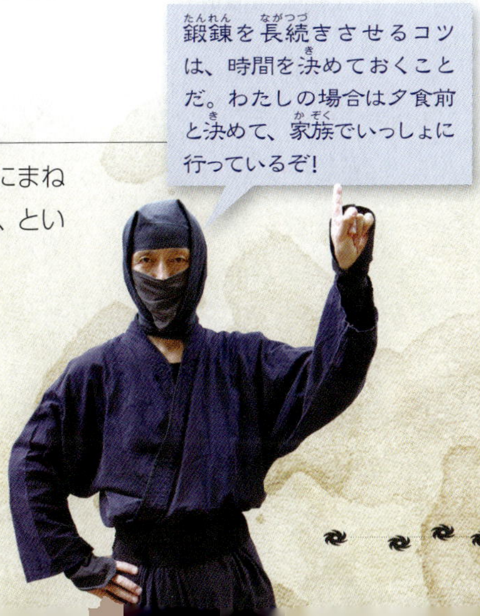

鍛錬《たんれん》を長続《ながつづ》きさせるコツは、時間を決《き》めておくことだ。わたしの場合は夕食前と決《き》めて、家族《かぞく》でいっしょに行っているぞ！

体 フィジカル・トレーニング

【泳《およ》ぐ】

◆速《はや》さより静《しず》かさ第一《だいいち》！ 忍者《にんじゃ》の泳法《えいほう》

　忍者《にんじゃ》は城《しろ》に忍《しの》びこむために、深夜《しんや》の水堀《みずぼり》を泳《およ》いでわたることもある。そのためには見張《みは》りに見つからないよう、音や波《なみ》を立てず静《しず》かにゆっくり泳《およ》ぐことが必要《ひつよう》だ。速《はや》くなくてかまわない。

　動物《どうぶつ》の腸《ちょう》に空気を入れてふくらませた浮《う》き袋《ぶくろ》「浮《う》き玉《だま》」を腰《こし》につけるか(「腰玉《こしだま》」)、ななめがけにして(「浮《う》きたすき」)、「抜《ぬ》き手《て》」という方法《ほうほう》で静《しず》かに水をかく。刀や衣服《いふく》は頭の上にくくりつけ、顔を水につけないようにしておけばぬれない。

忍者《にんじゃ》ミニ知識《ちしき》 真冬《まふゆ》に水泳《すいえい》！ きびしい任務《にんむ》

　冬には「こんなに寒《さむ》いときに泳《およ》ぐ人はいないだろう」と敵《てき》の警戒心《けいかいしん》がゆるむ。そこをねらって忍者《にんじゃ》は一番寒《さむ》い時期《じき》に泳《およ》いで侵入《しんにゅう》した。体に植物《しょくぶつ》の油《あぶら》をぬったり、酒《さけ》を飲《の》んで体を温《あたた》めたりはしたが、それくらいでたえられるものではない。しかし、任務達成《にんむたっせい》のためならわざわざ大変《たいへん》な状況《じょうきょう》を選《えら》ぶのも忍者《にんじゃ》だ。

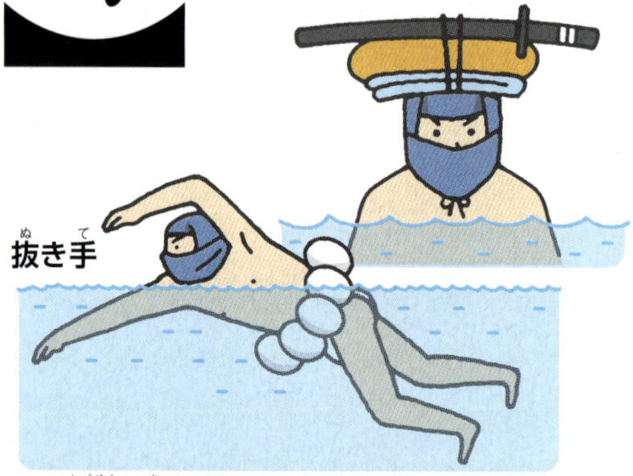
抜《ぬ》き手《て》

顔は正面《しょうめん》を向《む》き水につけない。手はクロールのように水をかく。静《しず》かにぬいて静《しず》かにかく。

足はほとんど使《つか》わないか、平泳《ひらおよ》ぎのように動《うご》かす。

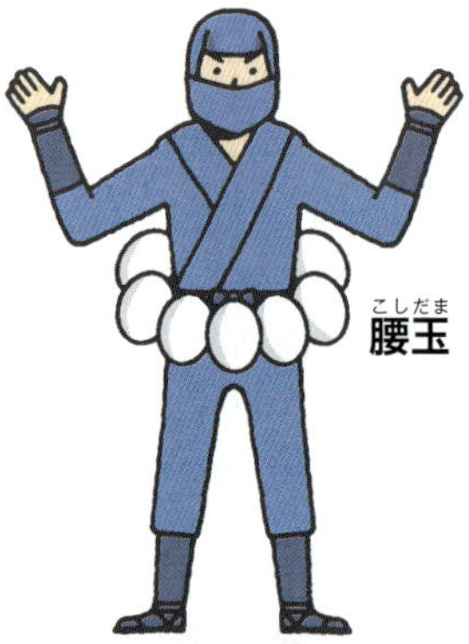
腰玉《こしだま》

立《た》ち泳《およ》ぎなら武器《ぶき》も使《つか》える。

竹筒《たけづつ》が短《みじか》いと深《ふか》く潜《もぐ》れないから見つかりやすい。だが、長くしたら呼吸《こきゅう》できない。実際《じっさい》にはムリだな。
竹筒《たけづつ》をシュノーケルみたいにしたんじゃないの？

実習《じっしゅう》の時間 忍者式水泳《にんじゃしきすいえい》に挑戦《ちょうせん》

プールに行ったら、忍者《にんじゃ》をめざす仲間《なかま》と忍者式《にんじゃしき》の泳《およ》ぎ方《かた》に挑戦《ちょうせん》してみるように！ だれが一番うまく泳《およ》げるか、競《きそ》ってみてもいい。競《きそ》うことで上達《じょうたつ》することもある。

忍者式水泳《にんじゃしきすいえい》の達人《たつじん》はだれ？ 審査《しんさ》ポイント

①顔がぬれていないか
②水しぶきは上がっていないか
③ばしゃばしゃと水音が立っていないか
★忍者《にんじゃ》と同じように浮《う》き袋《ぶくろ》を使《つか》ってもいい。
★修行《しゅぎょう》のためでもプールへは１人で行ってはいけない。

健

健康管理《けんこうかんり》

鍛《きた》えるだけではない!
健康《けんこう》を保《たも》つことも忍者《にんじゃ》のつとめ

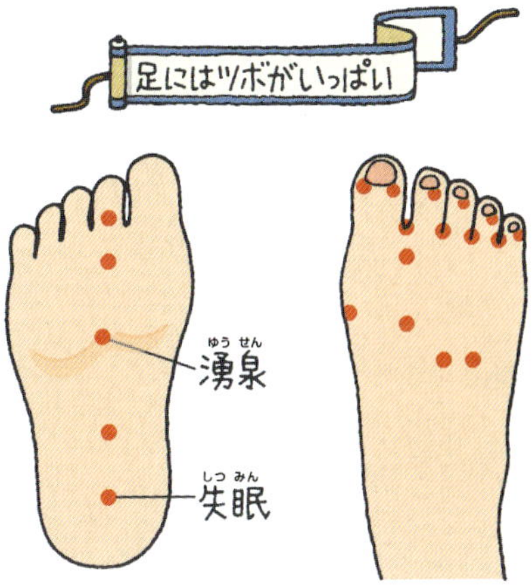

湧泉《ゆうせん》:つかれたときにおすと元気が回復《かいふく》するといわれるツボ。
失眠《しつみん》:おすとよく眠《ねむ》れるといわれるツボ。

◆中国生まれのマッサージ法《ほう》「導引術《どういんじゅつ》」

超人的《ちょうじんてき》な能力《のうりょく》や技《わざ》を身《み》につけるためには、まず体の手入れを怠《おこた》ってはならない。そこで忍者《にんじゃ》はふつうの人よりもいっそう健康《けんこう》に気を配《くば》る。

忍者《にんじゃ》がよく行った健康法《けんこうほう》に「導引術《どういんじゅつ》」がある。これは古代《こだい》中国で生まれ日本に伝《つた》わった健康法《けんこうほう》で、気や血《ち》の流《なが》れをととのえたり、ツボをおすことで体を健康《けんこう》にするという考えをもとにしている。

◆忍者《にんじゃ》は薬草《やくそう》の専門家《せんもんか》

忍者《にんじゃ》でも、病気《びょうき》になることはある。そんなときは身近《みぢか》に生えている植物《しょくぶつ》を使《つか》って治《なお》すことが多かった。くわしくは下巻《げかん》で説明《せつめい》するが、忍者《にんじゃ》は薬草《やくそう》の知識《ちしき》が豊富《ほうふ》で、薬《くすり》の専門家《せんもんか》でもあったのだ。

忍者《にんじゃ》ミニ知識《ちしき》

薬屋《くすりや》さんに変装《へんそう》する忍者《にんじゃ》

忍者《にんじゃ》は薬《くすり》を売って歩く行商人《ぎょうしょうにん》にもよく変装《へんそう》した。正体《しょうたい》を隠《かく》して相手《あいて》に近づき、薬《くすり》の知識《ちしき》で相手《あいて》の家族《かぞく》や家来《けらい》の病気《びょうき》を治《なお》すことで信用《しんよう》させたのだ。また、薬《くすり》やお札《ふだ》を売ることで収入《しゅうにゅう》を得《え》ることもできた。

実習《じっしゅう》の時間

忍者式《にんじゃしき》マッサージ

手足や耳、体の先を刺激《しげき》することで、内臓《ないぞう》の働《はたら》きが高まる。ためしてみるように!

子どものうちは、ツボをおしても指《ゆび》の関節《かんせつ》をもんでも痛《いた》くないかもしれない。でも、小さいときから習慣《しゅうかん》にしておくとおとなになったときに効果《こうか》があらわれる。

手のマッサージ

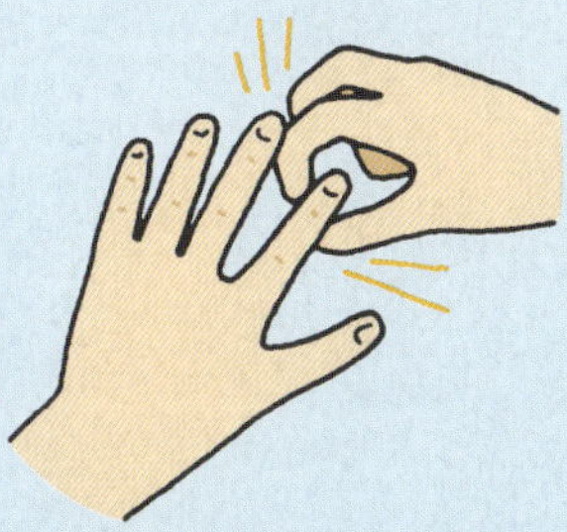

指《ゆび》の第一関節《だいいちかんせつ》を回すようにもむ。全部《ぜんぶ》の指《ゆび》をもんでみよう。

★痛《いた》い指《ゆび》があると体のどこかに悪《わる》いところがある、といわれている。

からつきのクルミを2個《こ》、片手《かたて》でにぎってこすりあわせるようにぐるぐる回す。

★手のひらはツボがたくさんあるので、一度《いちど》に刺激《しげき》できる。

耳のマッサージ

手をこすりあわせて温《あたた》めてから、耳全体《ぜんたい》をよくもんだり軽《かる》く引っぱったりする。

★導引術《どういんじゅつ》では耳は大切なところと考えられている。

足のマッサージ

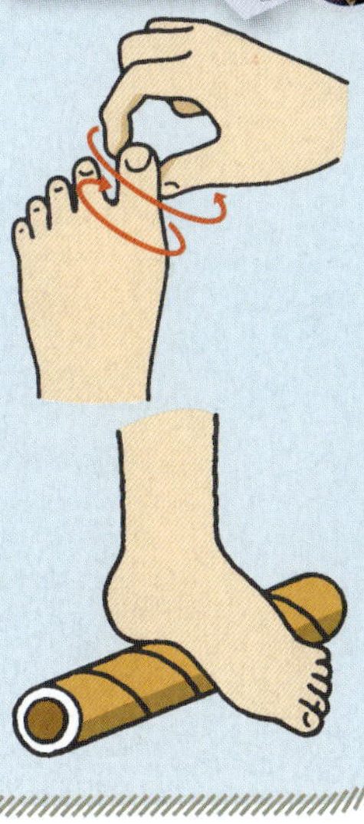

足の親指《おやゆび》を持《も》って、くるくる回す。反対方向《はんたいほうこう》にも回す。

つかれたときには土ふまずを指《ゆび》でおしたり、「青竹《あおだけ》ふみ」をする。

★竹がなければ、かたいラップのしんでもできる。

忍者《にんじゃ》の仕事拝見《しごとはいけん》！

女忍者《おんなにんじゃ》「くノ一《くのいち》」の活躍《かつやく》

新しい女中《じょちゅう》でーす

[隠蓑《かくれみの》の術《じゅつ》]

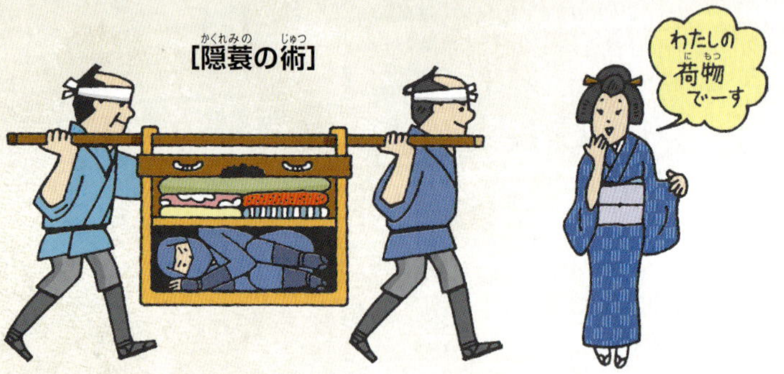

わたしの荷物《にもつ》でーす

[女忍者《おんなにんじゃ》の得意《とくい》な武器《ぶき》]

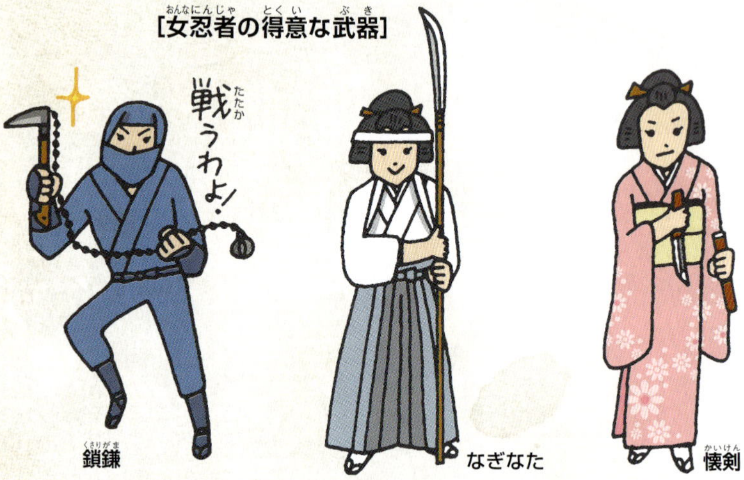

戦《たたか》うわよ！
鎖鎌《くさりがま》
なぎなた
懐剣《かいけん》

忍者《にんじゃ》には女忍者《おんなにんじゃ》もいた。「くノ一《くのいち》」と呼《よ》ばれることもあるが、これは「女」という字を分解《ぶんかい》すると「く」「ノ」「一」になるから。体力や体格《たいかく》のちがいから、男忍者《おとこにんじゃ》と同じようなことはしなかったが、男忍者《おとこにんじゃ》ではむずかしい仕事《しごと》を担当《たんとう》していた。

忍術伝書《にんじゅつでんしょ》の『萬川集海《ばんせんしゅうかい》』には「男では潜入《せんにゅう》しにくいときには女忍者《おんなにんじゃ》を使《つか》った」と書かれている。たとえば、女中《じょちゅう》として屋敷《やしき》や城《しろ》につとめて秘密《ひみつ》を探《さぐ》ったり、うわさ話を聞きこんできたりした。また「隠《かくれ》蓑《みの》の術《じゅつ》」といって、女中《じょちゅう》として忍《しの》びこんだ女忍者《おんなにんじゃ》が荷物《にもつ》をとりよせ、その荷物《にもつ》の中に男忍者《おとこにんじゃ》が隠《かく》れて忍《しの》びこんだりもした。女性《じょせい》の荷物《にもつ》なので、チェックがあまかったのだ。

もちろん、自分の身《み》を守《まも》れるように武器《ぶき》の使《つか》い方《かた》の練習《れんしゅう》や体の鍛錬《たんれん》などを行っていた。鎖鎌《くさりがま》、なぎなた、懐剣《かいけん》は、女忍者《おんなにんじゃ》の得意《とくい》な武器《ぶき》といわれている。

歴史《れきし》にはほとんど名前が残《のこ》っていない女忍者《おんなにんじゃ》だが、甲斐国《かいのくに》(今の山梨県《やまなしけん》あたり)の武田信玄《たけだしんげん》に仕《つか》えた望月千代女《もちづきちよじょ》だけは記録《きろく》が残《のこ》っている。千代女《ちよじょ》は戦《いくさ》で親を亡《な》くした女の子を集《あつ》めて、忍者教育《にんじゃきょういく》を行う女子校のようなものを作り、信玄《しんげん》の情報収集《じょうほうしゅうしゅう》におおいに役立《やくだ》った。

忍者学《にんじゃがく》その②　修了問題《しゅうりょうもんだい》

めざせ 忍者《にんじゃ》！

九字護身法《くじごしんほう》を行う理由《りゆう》は次《つぎ》のうちどれか。

(1)自分を信《しん》じて勇気《ゆうき》を出すため

(2)呪文《じゅもん》を唱《とな》えて不思議《ふしぎ》なことを起《お》こすため

(3)印《いん》を結《むす》ぶと健康《けんこう》によいため

この本(上《じょう》·下巻《げかん》)ではそれぞれの章《しょう》のあとに問題《もんだい》がある。全問正解《ぜんもんせいかい》すると忍者塾修了書《にんじゃじゅくしゅうりょうしょ》を授《さず》ける。くわしくは下巻《げかん》38ページを見よ。

忍者学《にんじゃがく》その③

忍者史科《にんじゃしか》

心と体を鍛《きた》えるだけが修行《しゅぎょう》ではない。「座学《ざがく》」といって、机《つくえ》に向《む》かって学び、さまざまな知識《ちしき》を得《え》ることも重要《じゅうよう》だ。次《つぎ》は座学《ざがく》にて忍者《にんじゃ》の歴史《れきし》の知識《ちしき》を深《ふか》める。

【歴《れき》史《し》】

歴史《れきし》の裏側《うらがわ》に忍者《にんじゃ》あり

日本の歴史《れきし》には戦乱《せんらん》の世《よ》がいく度《ど》となくおとずれ、英雄《えいゆう》や名将《めいしょう》たちも数多く登場《とうじょう》する。じつはその裏側《うらがわ》で、ひそかに彼《かれ》らを助《たす》け、情報《じょうほう》を調《しら》べて報告《ほうこく》し、勝利《しょうり》へ導《みちび》いた忍者《にんじゃ》たちがいた。

天武天皇《てんむてんのう》も忍者《にんじゃ》を使《つか》った

多胡弥《たこや》という忍者《にんじゃ》が敵《てき》の城《しろ》に忍《しの》びこみ、火をはなった。多胡弥《たこや》は伊賀《いが》の者《もの》らしいので、火術《かじゅつ》が得意《とくい》だったのかもしれない。

源平合戦《げんぺいがっせん》でも忍者《にんじゃ》が活躍《かつやく》

伊賀流忍術《いがりゅうにんじゅつ》の祖《そ》といわれる伊賀《いが》(服部《はっとり》)家長《いえなが》は、平家《へいけ》の平知盛《たいらのとももり》に仕《つか》え多くの伊賀忍者《いがにんじゃ》を使《つか》って、安徳天皇《あんとくてんのう》と三種《さんしゅ》の神器《じんぎ》を守《まも》るため戦《たたか》った。

源氏側《げんじがわ》の義経四天王《よしつねしてんのう》の1人・伊勢三郎義盛《いせさぶろうよしもり》も伊賀忍者《いがにんじゃ》だったといわれる。

南北朝《なんぼくちょう》の乱《らん》のかげに忍者《にんじゃ》あり

伊賀忍者《いがにんじゃ》は後醍醐天皇側《ごだいごてんのうがわ》についた者《もの》が多く、楠木正成《くすのきまさしげ》には48人の伊賀忍者《いがにんじゃ》がしたがった。楠木軍《くすのきぐん》が城《しろ》に立てこもったときには、伊賀忍者《いがにんじゃ》がひそかに食料《しょくりょう》などを運《はこ》び入《い》れたおかげで、勝利《しょうり》したという。

忍者《にんじゃ》が一番活躍《かつやく》したのは、室町《むろまち》～安土桃山《あづちももやま》時代《じだい》、いわゆる戦国時代《せんごくじだい》。
このころの伊賀忍者《いがにんじゃ》は、ふだんは農作業《のうさぎょう》を行い、命令《めいれい》ひとつですぐにかけつけた。50～300人くらいで武将《ぶしょう》にやとわれ、甲冑《かっちゅう》を着《き》て合戦《かっせん》に参加《さんか》することもあった。

伊賀《いが》は藤堂藩《とうどうはん》の支配下《しはいか》に入る。
平和《へいわ》になり仕事《しごと》がなくなった忍者《にんじゃ》の一部《いちぶ》は、各地《かくち》の藩《はん》に仕《つか》えた。

黒船《くろふね》に乗《の》りこんだ伊賀忍者《いがにんじゃ》

伊賀《いが》の沢村甚三郎保祐《さわむらじんざぶろうやすすけ》が藤堂藩《とうどうはん》の命《めい》を受《う》け、使節《しせつ》の一行に加《くわ》わって黒船《くろふね》に乗《の》りこみ、パン2個《こ》、煙草《たばこ》2個《こ》、洋《よう》ろうそく2本、びんせんなどを持《も》ち帰《かえ》ったという。

- 西暦《せいれき》500年
- 600年 飛鳥時代《あすかじだい》
- 700年 奈良時代《ならじだい》
- 800年
- 900年
- 1000年 平安時代《へいあんじだい》
- 1100年
- 1200年 鎌倉時代《かまくらじだい》
- 1300年 南北朝時代《なんぼくちょうじだい》
- 1400年 室町時代《むろまちじだい》
- 1500年 安土桃山時代《あづちももやまじだい》
- 1600年
- 1700年 江戸時代《えどじだい》
- 1800年
- 1900年 明治時代《めいじじだい》

忍者《にんじゃ》で情報《じょうほう》を集《あつ》めた? 聖徳太子《しょうとくたいし》

甲賀《こうか》の大伴細入《おおとものさいにゅう》を「志能便《しのび》」(しのび=忍《しの》び)として使《つか》った。太子《たいし》がたくさんの人が一度《いちど》に話す内容《ないよう》を聞きわけた、という有名《ゆうめい》な話は、じつは前もって志能便《しのび》が調《しら》べておいたからかもしれない。

このころ、役行者《えんのぎょうじゃ》がけわしい山の中できびしい修行《しゅぎょう》をする修験道《しゅげんどう》の道場を開《ひら》いたといわれる。修験道《しゅげんどう》と忍術《にんじゅつ》には深《ふか》い関係《かんけい》があるとされている。

ワシは忍者《にんじゃ》は
キライじゃ!!

忍者《にんじゃ》ギライの織田信長《おだのぶなが》

1579年、信長《のぶなが》の次男《じなん》・信雄《のぶかつ》が伊賀《いが》を攻《せ》めるが負《ま》ける(第一次伊賀《だいいちじいが》の乱《らん》)。怒《おこ》った信長《のぶなが》が1581年に大軍《たいぐん》を率《ひき》いて伊賀《いが》を攻《せ》め(第二次伊賀《だいにじいが》の乱《らん》)、ついに伊賀《いが》は敗《やぶ》れる。信長《のぶなが》は伊賀《いが》を「魔性《ましょう》の国」「ばけものの国」といってきらっていたそうだ。

忍者《にんじゃ》に助《たす》けられた徳川家康《とくがわいえやす》

家康《いえやす》は信長《のぶなが》の死《し》の直後、伊賀《いが》・甲賀《こうか》の忍者《にんじゃ》に助《たす》けられ、無事《ぶじ》に「伊賀越《いがご》え」し、浜松《はままつ》にもどることができた。それ以来《いらい》、忍者《にんじゃ》に一目《いちもく》おくようになったという。

専属忍者《せんぞくにんじゃ》をめしかかえた徳川吉宗《とくがわよしむね》

紀州藩《きしゅうはん》から江戸《えど》へのぼるときに、紀州《きしゅう》の忍者《にんじゃ》をいっしょに連《つ》れていき、自分専用《せんよう》の「御庭番《おにわばん》」にした。御庭番《おにわばん》は吉宗《よしむね》からの指示《しじ》で情報《じょうほう》を集《あつ》めたり、人や大名《だいみょう》を監視《かんし》した。

明治時代《めいじじだい》になり、忍者《にんじゃ》の仕事《しごと》がなくなった。

#【組《そ》織《しき》】

意外《いがい》に先進的《せんしんてき》だった？ 伊賀《いが》・甲賀《こうか》の組織《そしき》

忍者組織《にんじゃそしき》は会社や軍隊《ぐんたい》みたいに位《くらい》があって出世《しゅっせ》して…というのはマンガや映画《えいが》の世界《せかい》の設定《せってい》。意外《いがい》に知られていない、忍者《にんじゃ》の組織《そしき》を教えよう。

戦国時代《せんごくじだい》の伊賀忍者《いがにんじゃ》

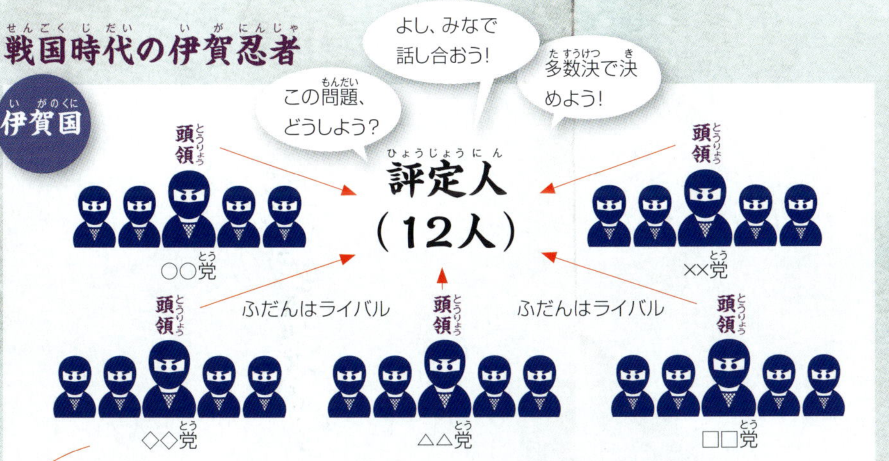
伊賀国《いがのくに》
この問題《もんだい》、
どうしよう？
よし、みなで
話し合おう!
多数決《たすうけつ》で決《き》
めよう!
頭領《とうりょう》
評定人《ひょうじょうにん》
（12人）
○○党《とう》
××党《とう》
ふだんはライバル
ふだんはライバル
◇◇党《とう》
△△党《とう》
□□党《とう》

血《ち》のつながりのある一族《いちぞく》で一党《いっとう》を作っていて、党《とう》ごとに動《うご》いた。大きな党《とう》では数百人になるところも。ふだんは党《とう》どうしはライバルだが、伊賀国《いがのくに》が危機《きき》のときは団結《だんけつ》して戦《たたか》った。

戦国時代《せんごくじだい》、伊賀《いが》や甲賀《こうか》には国主《こくしゅ》(殿様《とのさま》)はいなかった。伊賀国内《いがこくない》の各地《かくち》から選《えら》ばれた代表《だいひょう》が、多数決《たすうけつ》でものごとを決《き》めていた。

こんなことを決《き》めていた

- ●敵国《てきこく》が攻《せ》めてきたらどうするか
- ●掟《おきて》
- ●年貢《ねんぐ》(税金《ぜいきん》)
- ●お祭《まつ》りや行事《ぎょうじ》
- ●ふだんの生活のとりきめ

甲賀国《こうかのくに》 伊賀《いが》と同じような組織《そしき》があり、やはり多数決《たすうけつ》でものごとを決《き》めていた。

野寄合《のよりあい》

お隣《となり》の国とも
話し合おう

伊賀《いが》と隣《となり》の甲賀《こうか》は関係《かんけい》が深《ふか》く、協力《きょうりょく》することもあった。
同盟《どうめい》を結《むす》んでいて、国ざかいで「野寄《のより》合《あい》」という野外会議《かいぎ》を行っていた。

ほかの国

忍者《にんじゃ》を
やといたい

日本各地《かくち》の戦国大名《せんごくだいみょう》にやとわれた。多いときは何百人もやとわれ、合戦《かっせん》に参加《さんか》することもあった。

江戸時代《えどじだい》の伊賀忍者《いがにんじゃ》

藤堂藩《とうどうはん》

伊賀者《いがもの》：藩主《はんしゅ》の警護《けいご》などの仕事《しごと》で藩《はん》に仕《つか》えた。身分《みぶん》は武士《ぶし》。藩士《はんし》。

無足人《むそくにん》：身分《みぶん》は武士《ぶし》ではあるが、藩《はん》の仕事《しごと》はときどきしかない。仕事《しごと》をしたときだけ手《て》当《あて》がもらえた。

戦乱《せんらん》がおさまった江戸時代《えどじだい》には、伊《い》賀国《がのくに》は藤堂藩《とうどうはん》が支配《しはい》したが、平和《へいわ》で忍術《にんじゅつ》を使《つか》う機会《きかい》もへっていき、忍《にん》術《じゅつ》もだんだんすたれていった。

幕府《ばくふ》

伊賀組同心《いがぐみどうしん》：徳川家《とくがわけ》に仕《つか》えて江戸《えど》に住《す》み、警備《けいび》やボディーガードなど警察《けいさつ》のような仕事《しごと》や、鉄砲《てっぽう》を使《つか》う仕事《しごと》についた。甲賀《こうか》は甲賀組同心《こうかぐみどうしん》となった。

そのほか

●ほかの藩《はん》に仕《つか》える ●技《わざ》をいかして曲芸師《きょくげいし》などになる

忍者《にんじゃ》に階級制度《かいきゅうせいど》はあったのか？

忍術伝書《にんじゅつでんしょ》に出てくる「上忍《じょうにん》」「下忍《げにん》」とは、上手《じょうず》な忍者《にんじゃ》・下手《へた》な忍者《にんじゃ》という意味《いみ》だった。「中忍《ちゅうにん》」という言葉《ことば》は出てこない。つまり、よくいわれる「上忍《じょうにん》」「中忍《ちゅうにん》」「下忍《げにん》」という階級制度《かいきゅうせいど》は本当はなかったらしい。

忍者《にんじゃ》の身分《みぶん》は？

マンガや映画《えいが》のイメージで、江戸時代《えどじだい》の忍者《にんじゃ》はひじょうに身分《みぶん》が低《ひく》かったと思われがちだが、たとえば伊賀《いが》藤堂藩《とうどうはん》の無足人《むそくにん》は「伊賀武士《いがぶし》」といって、いわゆる地侍《じざむらい》だった。地侍《じざむらい》とは、もともとその地域《ちいき》の有力者《ゆうりょくしゃ》で、支《し》配者《はいしゃ》から侍《さむらい》と認《みと》められた人たち。名字があり刀も持《も》っていたが、農作業《のうさぎょう》も行った。そのほか、各藩《かくはん》に仕《つか》えた忍者《にんじゃ》は藩士《はんし》だった。

【流派《りゅうは》】

日本全国《ぜんこく》に広まった伊賀《いが》・甲賀《こうか》の忍術《にんじゅつ》

江戸時代《えどじだい》には日本全国《ぜんこく》に多くの忍術《にんじゅつ》の流派《りゅうは》があった。その多くは全国《ぜんこく》にちった伊賀《いが》・甲賀《こうか》の忍術《にんじゅつ》がもとになっている。

北海道
青森
秋田
岩手
山形
宮城
新潟
福島
石川
富山
長野
群馬
栃木
茨城
福井
岐阜
埼玉
山梨
東京
神奈川
千葉
静岡
愛知
滋賀
京都
三重
奈良
大阪
兵庫
和歌山
鳥取
島根
岡山
広島
山口
香川
徳島
愛媛
高知
福岡
佐賀
長崎
大分
熊本
宮崎
鹿児島
沖縄
羽黒流《はぐろりゅう》
上杉流《うえすぎりゅう》・加治流《かじりゅう》
芥川流《あくたがわりゅう》・青木流《あおきりゅう》・伊藤流《いとうりゅう》
越前流《えちぜんりゅう》
義経流《よしつねりゅう》
甲賀流《こうかりゅう》
村雲流《むらくもりゅう》(波多野流《はたのりゅう》)
出雲神流《いずもしんりゅう》
備前流《びぜんりゅう》
福島流《ふくしまりゅう》(引光流《いんこうりゅう》)
高木流《たかぎりゅう》
黒田流《くろだりゅう》
南蛮流《なんばんりゅう》
大江流《おおえりゅう》・
八幡流《はちまんりゅう》
三雲流《みくもりゅう》
中川流《なかがわりゅう》
甲賀忍者《こうかにんじゃ》が多く住《す》んでいた
福智流《ふくちりゅう》・松元流《まつもとりゅう》
神道流《しんとうりゅう》・松田流《まつだりゅう》
北条流《ほうじょうりゅう》(伊豆流《いずりゅう》):風魔忍者《ふうまにんじゃ》
甲陽流《こうようりゅう》(忍甲流《にんこうりゅう》)・甲州流《こうしゅうりゅう》・
武田流《たけだりゅう》・天幻流《てんげんりゅう》
秋葉流《あきばりゅう》・無極量情流《むきょくりょうじょうりゅう》
一全流《いちぜんりゅう》
美濃流《みのりゅう》・大垣流《おおがきりゅう》
伊賀流《いがりゅう》
九州流《きゅうしゅうりゅう》
楠木流《くすのきりゅう》
名取流《なとりりゅう》(新楠流《しんくすのきりゅう》・紀州流《きしゅうりゅう》)
伊賀忍者《いがにんじゃ》が多く住《す》んでいた

※流派《りゅうは》に関《かん》してはいろいろな説《せつ》があります。

【名称《めいしょう》】

いろいろな名前で呼《よ》ばれていた忍者《にんじゃ》

時代《じだい》によって、地域《ちいき》によって、忍者《にんじゃ》はさまざまな名前で呼《よ》ばれた。江戸時代《えどじだい》までは統一《とういつ》した呼《よ》び名《な》さえなかった。大正時代《たいしょうじだい》ごろまでは「にんしゃ」などとも呼《よ》ばれ、「にんじゃ」という名が定着《ていちゃく》したのは昭和《しょうわ》になってからだそうだ。

各地方《かくちほう》での呼《よ》び名《な》

青森県《あおもりけん》:早道《はやみち》の者《もの》
岩手県《いわてけん》:間盗役《かんとうやく》(竿灯役《かんとうやく》)
宮城県《みやぎけん》:黒脛巾組《くろはばきぐみ》(伊達家《だてけ》に仕《つか》えたとされる忍者《にんじゃ》)
群馬県《ぐんまけん》:ワッパ、シッパ
神奈川県《かながわけん》:草《くさ》、かまり、乱破《らっぱ》
東京都《とうきょうと》:隠密《おんみつ》、御庭番《おにわばん》
山梨県《やまなしけん》:三《み》ツ者《もの》、透波《とっぱ》、出抜《すっぱ》
長野県《ながのけん》:突破《とっぱ》、飯綱《いづな》使《つか》い、真田衆《さなだしゅう》(真田家《さなだけ》に仕《つか》えた)
愛知県《あいちけん》:饗談《きょうだん》
新潟県《にいがたけん》:軒猿《のきざる》、郷導《きょうどう》、夜盗組《やとうぐみ》
福井県《ふくいけん》:忍之衆《しのびのしゅう》
石川県《いしかわけん》:偸組《ぬすみぐみ》(加賀前田家《かがまえだけ》に仕《つか》えた越前流忍者《えちぜんりゅうにんじゃ》)
岐阜県《ぎふけん》:素破《すっぱ》
滋賀県《しがけん》:甲賀者《こうかもの》、甲賀忍《こうかしのび》(地元《じもと》の忍者《にんじゃ》の呼《よ》び名《な》)、志能便《しのび》
三重県《みえけん》:伊賀者《いがもの》、伊賀忍《いがしのび》(地元《じもと》の忍者《にんじゃ》の呼《よ》び名《な》)
京都府《きょうとふ》:早業之者《はやわざのもの》
奈良県《ならけん》:伺見《うかみ》、水波《すっぱ》(「すっぱ抜《ぬ》く」の語源《ごげん》?)、志乃比《しのび》
大阪府《おおさかふ》:奪口《だっこう》
和歌山県《わかやまけん》:根来衆《ねごろしゅう》、雑賀衆《さいかしゅう》(地元《じもと》の忍者《にんじゃ》の呼《よ》び名《な》)
広島県《ひろしまけん》:外聞《とぎき》
島根県《しまねけん》:鉢屋衆《はちやしゅう》(地元《じもと》の忍者《にんじゃ》の呼《よ》び名《な》)
山口県《やまぐちけん》:忍《しの》びの兵《へい》、座頭衆《ざとうしゅう》
徳島県《とくしまけん》:伊賀役《いがやく》
福岡県《ふくおかけん》:秘密役《ひみつやく》
熊本県《くまもとけん》:関破《せきやぶ》り
鹿児島県《かごしまけん》:山《やま》くぐり

※名称《めいしょう》に関《かん》してはいろいろな説《せつ》があります。

【人物《じんぶつ》】

実在《じつざい》し歴史《れきし》に名を残《のこ》した有名忍者《ゆうめいにんじゃ》たち

決《けっ》して表舞台《おもてぶたい》へ出ないのが忍者《にんじゃ》。多くの忍者《にんじゃ》がその働《はたら》きを知られないままに消《き》えていった。しかし、歴史《れきし》に名前を残《のこ》した忍者《にんじゃ》や、忍者《にんじゃ》ではないか？ といわれた人たちもいる。

❶出身《しゅっしん》・所属《しょぞく》 ❷仕《つか》えた人 ❸得意技《とくいわざ》 ❹有名度《ゆうめいど》

※人物《じんぶつ》に関《かん》してはいろいろな説《せつ》があります。

大伴細入

[おおとものさいにゅう]

（飛鳥時代《あすかじだい》）

❶甲賀《こうか》？ ❷聖徳太子《しょうとくたいし》 ❸火術《かじゅつ》 ❹☆

元の名は斎入《さいにゅう》。蘇我氏《そがし》と物部氏《もののべし》の戦《たたか》いで、得意《とくい》の火術《かじゅつ》で蘇我氏《そがし》・聖徳太子《しょうとくたいし》を勝利《しょうり》に導《みちび》いた。

伊勢三郎義盛

[いせ・さぶろうよしもり]

（平安時代《へいあんじだい》）

❶伊賀《いが》？ ❷ 源 義経《みなもとのよしつね》 ❸和歌《わか》？ ❹☆

義経四天王《よしつねしてんのう》の１人。『萬川集海《ばんせんしゅうかい》』の「忍《しの》び百首《ひゃくしゅ》」という忍者《にんじゃ》の行動《こうどう》をテーマにした和歌《わか》の作者《さくしゃ》とされている。

常陸坊海尊

[ひたちぼう・かいそん]

（平安《へいあん》～鎌倉時代《かまくらじだい》）

❶丹波《たんば》　村雲流《むらくもりゅう》？ ❷ 源 義経《みなもとのよしつね》 ❸不明《ふめい》 ❹☆

元修験者《もとしゅげんじゃ》。鞍馬山《くらまやま》で 源 義経《みなもとのよしつね》を鍛《きた》えた。義経《よしつね》の家来《けらい》となり、弁慶《べんけい》らとともに義経《よしつね》の都落《みやこお》ちにしたがう。不老長寿《ふろうちょうじゅ》となったという伝説《でんせつ》がある。

藤林長門

[ふじばやし・ながと]

（室町《むろまち》～安土桃山時代《あづちももやまじだい》）

❶伊賀《いが》 ❷不明《ふめい》 ❸不明《ふめい》 ❹☆

伊賀《いが》のひとつの党《とう》の党首《とうしゅ》だったようだが謎《なぞ》が多い人物《じんぶつ》。子孫《しそん》の藤林保武《ふじばやしやすたけ》は江戸時代《えどじだい》に『萬川集海《ばんせんしゅうかい》』を書いた。

伊賀崎道順

[いがざき・どうじゅん]

（室町《むろまち》～安土桃山時代《あづちももやまじだい》）

❶伊賀《いが》 ❷不明《ふめい》 ❸伊賀流忍術全般《いがりゅうにんじゅつぜんぱん》 ❹☆

『萬川集海《ばんせんしゅうかい》』に「伊賀流忍術《いがりゅうにんじゅつ》名人１１人」として紹介《しょうかい》されているほどの忍術《にんじゅつ》の達人《たつじん》。織田信長《おだのぶなが》の伊賀攻《いがぜ》めのときにも活躍《かつやく》した。

百地丹波

[ももち・たんば]

（室町《むろまち》～安土桃山時代《あづちももやまじだい》）

❶伊賀《いが》 ❷不明《ふめい》 ❸不明《ふめい》 ❹☆☆

戦国時代《せんごくじだい》の南伊賀《みなみいが》の豪族《ごうぞく》。織田信長《おだのぶなが》の伊賀攻《いがぜ》めのときには、信長軍《のぶながぐん》と戦《たたか》った。

杉谷善住坊

[すぎたに・ぜんじゅぼう]

（室町《むろまち》～安土桃山時代《あづちももやまじだい》）

❶甲賀《こうか》 ❷不明《ふめい》 ❸鉄砲《てっぽう》 ❹☆

甲賀一《こうかいち》の鉄砲《てっぽう》の達人《たつじん》。織田信長《おだのぶなが》の暗殺《あんさつ》をくわだてたが失敗《しっぱい》し、捕《と》らえられ処刑《しょけい》された。

多羅尾四郎兵衛光俊

[たらお・しろべえみつとし]

（室町《むろまち》～江戸時代《えどじだい》）

❶甲賀《こうか》 ❷豊臣秀吉《とよとみひでよし》、徳川家康《とくがわいえやす》 ❸長生き？ ❹☆

甲賀忍者《こうかにんじゃ》の頭領《とうりょう》の１人。「伊賀越《いがご》え」で、徳川家康《とくがわいえやす》のピンチを救《すく》った。「人間50年」の時代《じだい》に、96歳《さい》まで生きたという、おどろきの長寿忍者《ちょうじゅにんじゃ》。

加藤段蔵

[かとう・だんぞう]

（室町《むろまち》～安土桃山時代《あづちももやまじだい》）

❶伊賀《いが》？ ❷不明《ふめい》 ❸幻術《げんじゅつ》、ジャンプ ❹☆☆☆

ジャンプ力にすぐれあだ名は「飛《と》び加藤《かとう》」。牛を丸のみする「呑牛《どんぎゅう》の術《じゅつ》」などさまざまな術《じゅつ》を使《つか》ったとされる。術《じゅつ》を恐《おそ》れた武田《たけだ》信玄《しんげん》に殺《ころ》された。

滝川一益

[たきがわ・かずます]

（室町《むろまち》～安土桃山時代《あづちももやまじだい》）

❶甲賀《こうか》 ❷織田信長《おだのぶなが》 ❸鉄砲《てっぽう》 ❹☆☆

若《わか》いときに甲賀《こうか》を出たが、鉄砲《てっぽう》の腕《うで》を見こまれて織田信長《おだのぶなが》に仕《つか》えた。織田四天王《おだしてんのう》の1人。

望月千代女

[もちづき・ちよじょ]

（室町《むろまち》～安土桃山時代《あづちももやまじだい》）

❶甲斐《かい》 甲陽流《こうようりゅう》？ ❷武田信玄《たけだしんげん》 ❸くノ一《くのいち》の術《じゅつ》 ❹☆

歴史《れきし》に名前が残《のこ》っているただ1人の女忍者《おんなにんじゃ》。本人も忍術《にんじゅつ》の達人《たつじん》だが、多くのくノ一《くのいち》を育《そだ》てた。

服部半蔵

[はっとり・はんぞう]

❶三河《みかわ》 ❷徳川家康《とくがわいえやす》ほか ❸不明《ふめい》 ❹☆☆☆

「半蔵《はんぞう》(半三《はんぞう》)」は代々《だいだい》の党首《とうしゅ》がついだ名前。二代目半蔵正成《にだいめはんぞうまさしげ》は家康《いえやす》に仕《つか》えた武将《ぶしょう》。伊賀組同心《いがぐみどうしん》をまとめていたことから、徳川幕府《とくがわばくふ》に仕《つか》えた伊賀忍者《いがにんじゃ》の頭領《とうりょう》とされる。

んな人も
者だった!?

石川五右衛門

[いしかわ・ごえもん]

（室町《むろまち》～安土桃山時代《あづちももやまじだい》）

❶伊賀《いが》？ ❷不明《ふめい》 ❸泥棒《どろぼう》 ❹☆☆☆

伊賀《いが》で忍術《にんじゅつ》を習《なら》ったとされる、天下の大泥棒《おおどろぼう》。京都《きょうと》の三条河原《さんじょうがわら》で処刑《しょけい》された。

風魔小太郎

[ふうま・こたろう]

❶風魔《ふうま》 ❷小田原北条氏《おだわらほうじょうし》 ❸夜襲《やしゅう》(夜討《ようち》)、変装《へんそう》？ ❹☆☆☆

風魔忍者《ふうまにんじゃ》の頭領代々《とうりょうだいだい》の名前。五代目《ごだいめ》は身長《しんちょう》2.2m、手足がたくましく、黒いヒゲを生やし、目が逆《さか》さにさけ、口は横《よこ》にさけて牙《きば》が生えていた、といわれる。

忍者社会科見学《にんじゃ》

昔《むかし》は多くの忍者《にんじゃ》が暮《く》らしていた三重県《みえけん》伊賀市《いがし》。今でもお城《しろ》や古い家がたくさんある、とってもいい町なんだ。現代《げんだい》の伊賀《いが》をぼくらが案内《あんない》するよ!

忍者《にんじゃ》のふるさと、伊賀《いが》へ行ってみよう

※ここで紹介《しょうかい》している料金《りょうきん》や日時・内容《ないよう》などは変《か》わることがあります。

伊賀上野城《いがうえのじょう》

徳川家康《とくがわいえやす》から伊賀《いが》の地を与《あた》えられた、藤堂高虎《とうどうたかとら》が造《つく》った城《しろ》。高さが30mもある石垣《いしがき》と内堀《うちぼり》は当時のままなんだ! 天守閣《てんしゅかく》は昭和《しょうわ》になって復興《ふっこう》されたもので、中は博物館《はくぶつかん》になっているよ。

お城《しろ》のまわりの上野《うえの》公園も、石段《いしだん》や林があって、ふんいきバツグン! 見晴らしもいいよ。

高虎《たかとら》は城造《しろづく》りの名人で、ほかにもたくさんのお城《しろ》を建《た》てているんだって!

伊賀流忍者博物館《いがりゅうにんじゃはくぶつかん》

忍者《にんじゃ》に関《かん》するたくさんの展示資料《てんじしりょう》や、復元《ふくげん》された忍者《にんじゃ》屋敷《やしき》で、忍者《にんじゃ》の本当の姿《すがた》や暮《く》らしを実感《じっかん》できるよ。忍《にん》者《じゃ》ショーで大迫力《だいはくりょく》の実演《じつえん》も見られ、手裏剣打《しゅりけんう》ちも体験《たいけん》できるんだ!

◎〒518-0873 三重県伊賀市上野丸之内117
◎電話:0595(23)0311
◎FAX:0595(23)0314
◎入館料金　大人700円(600円)、小人400円(300円)
　(　)内は30人以上の団体料金
◎忍者ショー　1人200円(休演日あり)
◎手裏剣打ち体験　1人5枚　200円
◎開館時間　9:00～17:00　※入館受付は16:30で終了
◎休館日　12/29～1/1

わたしたちが屋《や》敷《しき》の中をご案内《あんない》します!

伊賀鉄道《いがてつどう》「忍者列車《にんじゃれっしゃ》」

伊賀神戸駅《いがかんべえき》～伊賀上野駅《いがうえのえき》を結《むす》ぶ伊賀鉄道《いがてつどう》伊賀線《いがせん》では、マンガ家の松本零士氏《まつもとれいじし》のくノ一《のいち》のイラストがついた「忍者列車《にんじゃれっしゃ》」が走っているよ。乗《の》ったら床《ゆか》やカーテンなどもよく見てね! ほかの忍者柄《にんじゃがら》の列車《れっしゃ》もあるから要《よう》チェック!

伊賀上野《いがうえの》NINJA《にんじゃ》フェスタ

4～5月上旬《じょうじゅん》

町中《まちじゅう》が忍者《にんじゃ》だらけになる、年に一度《いちど》のイベント。外国からのお客《きゃく》さんも来るよ。忍者装束《にんじゃしょうぞく》※で城下町《じょうかまち》を探検《たんけん》しよう!「まちかど忍者《にんじゃ》道場」で忍術《にんじゅつ》の腕試《うでだめ》しをしたり、町のあちこちに隠《かく》れている忍者《にんじゃ》人形を探《さが》したり、家《か》族《ぞく》で楽しめるイベントがたくさんあるよ!

※市内に数《すう》か所《しょ》ある「忍者変身処《にんじゃへんしんどころ》」で有料《ゆうりょう》で忍者装束《にんじゃしょうぞく》を着《き》られるよ。なんと、犬用の衣装《いしょう》もある!

黒党祭《くろんどまつり》 11月23日

飛鳥時代《あすかじだい》に建《た》てられたと伝《つた》えられる、「伊賀国《いがのくに》」で一番大きな神社《じんじゃ》・敢国神社《あえくにじんじゃ》の祭《まつ》り。黒井《くろい》先生の伊賀流忍者集団《いがりゅうにんじゃしゅうだん》「黒党《くろんど》」の演《えん》武《ぶ》や、三重県《みえけん》の無形文化財《むけいぶんかざい》の獅《し》子神楽《しかぐら》などが見られるよ。

上野天神祭《うえのてんじんまつり》

10月23～25日

関西《かんさい》の秋の三大祭《まつ》りのひとつで、伊賀《いが》で一番大きな祭《まつ》り。おはやしを奏《かな》でながら巡行《じゅんこう》する「だんじり」という大きな9基《き》の楼車《ろうしゃ》と、百数十体の鬼《おに》が町中《まちじゅう》を練《ね》り歩《ある》き、迫力満点《はくりょくまんてん》!

ほかにも俳句《はいく》の達人《たつじん》・松尾芭蕉《まつおばしょう》ゆかりの建物《たてもの》や、伊賀牛《いがぎゅう》、伊賀組紐《いがくみひも》、伊賀《いが》焼《や》きなどの名物《めいぶつ》もたくさん! 一度遊《いちどあそ》びに来てね!

伊賀観光に関するお問い合わせは
社団法人伊賀上野観光協会
http://www.igaueno.net/
〒518-0873 三重県伊賀市上野丸之内122-4
電話:0595(26)7788　FAX:0595(26)7799

忍者学《にんじゃがく》その③　修了問題《しゅうりょうもんだい》

めざせ 忍者《にんじゃ》!

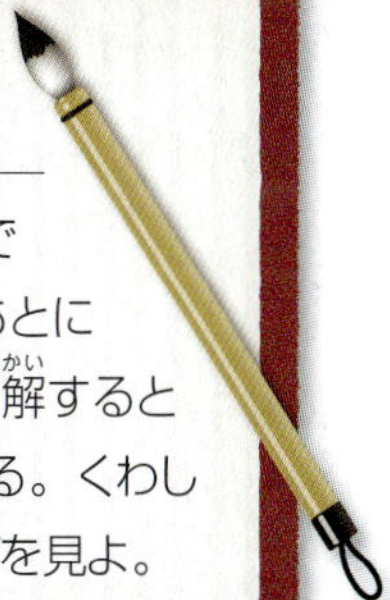

戦国時代《せんごくじだい》の忍者《にんじゃ》の組織《そしき》で正しいものはどれか。

(1)たくさんの党《とう》があり、多数決《たすうけつ》でものごとを決《き》めていた
(2)選挙《せんきょ》によって選《えら》ばれた1人の代表《だいひょう》が、すべての命令《めいれい》を出していた
(3)国主《こくしゅ》(殿様《とのさま》)がいて、すべての命令《めいれい》を出していた

この本(上《じょう》・下巻《げかん》)ではそれぞれの章《しょう》のあとに問題《もんだい》がある。全問正解《ぜんもんせいかい》すると忍者塾修了書《にんじゃじゅくしゅうりょうしょ》を授《さず》ける。くわしくは下巻《げかん》の38ページを見よ。

あとがき

正しく知ることからすべてが始《はじ》まる!

上巻《じょうかん》では忍者《にんじゃ》になりたい者《もの》なら知っておかねばならない基本的《きほんてき》な知識《ちしき》と、心と体のトレーニングについて教えた。実習《じっしゅう》してみてどうだったかな? これらは本当に忍者《にんじゃ》が行っていたことで、忍術伝書《にんじゅつでんしょ》に書かれていることや、わたしが師匠《ししょう》の甲賀流伴党《こうかりゅうばんとう》21代目宗家《だいめそうけ》・川上仁一《かわかみじんいち》先生から口伝《くでん》で教えてもらったことだ。

出会ったときの川上《かわかみ》先生はふだんはふつうの会社員《かいしゃいん》だった。エンジニアの仕事《しごと》をしながら夜遅《よるおそ》く帰宅《きたく》して、深夜《しんや》に毎日5時間も忍者《にんじゃ》としての鍛錬《たんれん》を行っていた。睡眠《すいみん》時間はたった3時間。しかも、6歳《さい》のころから続《つづ》けているというからおどろいた。とてもそこまではマネできない。

川上《かわかみ》先生のようなすごい忍者《にんじゃ》にはなれないが、公演《こうえん》で忍者《にんじゃ》を演《えん》じるために、わたしも毎日欠《か》かさず短《みじか》い時間だが鍛錬《たんれん》を続《つづ》けている。笑《わら》われるかもしれないが、わたしの場合毎日の鍛錬《たんれん》は20分。でも、短《みじか》いからこそ続《つづ》けてこられたと思う。みんなも「実習《じっしゅう》の時間」に学んだトレーニングを毎日少しずつでも続《つづ》けてみよう。続《つづ》ければできなかったこともきっとできるようになる。忍者《にんじゃ》への道はコツコツつみかさねる努力《どりょく》で開《ひら》かれるのだ。

下巻《げかん》では、忍者《にんじゃ》の武器《ぶき》やさまざまな術《じゅつ》を教えるつもりだ。つねに「正心《せいしん》」を忘《わす》れず、忍者《にんじゃ》の知識《ちしき》と技《わざ》を身《み》につけてほしい。

黒井宏光《くろいひろみつ》

伊賀流忍者集団《いがりゅうにんじゃしゅうだん》・黒党《くろんど》

黒党《くろんど》は1984年に黒井宏光《くろいひろみつ》先生によって発足《ほっそく》、日本全国《ぜんこく》・海外のイベントなどで伝統《でんとう》の伊賀神服部流忍術《いがかみはっとりりゅうにんじゅつ》を駆使《くし》した「忍者《にんじゃ》ショー」「戦国鎧武者《せんごくよろいむしゃ》ショー」等《とう》の公演《こうえん》や「忍術《にんじゅつ》教室」等《とう》を行っています。

また、伊賀流忍術復興保存会《いがりゅうにんじゅつふっこうほぞんかい》では正しい忍術《にんじゅつ》・忍者《にんじゃ》の姿《すがた》を後世《こうせい》に伝《つた》えるためのさまざまな活動《かつどう》を行っています。

http://www2.ocn.ne.jp/~kurondo/
電話:0744(25)0385　FAX:0744(24)6349

めざせ 忍者《にんじゃ》! 修了書《しゅうりょうしょ》をもらうには

『正伝《せいでん》 忍者塾《にんじゃじゅく》』の上巻《じょうかん》・下巻《げかん》のそれぞれの章《しょう》の最後《さいご》には「めざせ 忍者《にんじゃ》!」という、章《しょう》の内容《ないよう》に関《かん》する問題《もんだい》がある。これをすべて解《と》いて正解《せいかい》した者《もの》には、『正《せい》伝《でん》 忍者塾《にんじゃじゅく》』読破《どくは》の証《あかし》として、修了書《しゅうりょうしょ》を授《さず》ける。
くわしくは下巻《げかん》38ページを見よ。

いっしょに挑戦《ちょうせん》しよう!
がんばろうね!

さくいん【上巻《じょうかん》】

あ

編笠《あみがさ》…… 11
伊賀《いが》……
…… 4,6,10,18,32〜37
伊賀《いが》組《ぐみ》同心《どうしん》…… 33,35
伊賀《いが》崎《ざき》道順《どうじゅん》…… 35
伊賀者《いがもの》…… 33
伊賀流《いがりゅう》千里《せんり》善走《ぜんそう》之《の》法《ほう》 24
伊賀流《いがりゅう》忍者《にんじゃ》博物館《はくぶつかん》……
…… 14,36
石川《いしかわ》五右衛門《ごえもん》…… 35
伊勢《いせ》三郎《さぶろう》義盛《よしもり》… 32,35
韋駄天《いだてん》…… 5
犬走《いぬばし》り …… 24
印《いん》…… 18,19
浮《う》き足《あし》…… 22
浮《う》きたすき…… 28
浮《う》き玉《だま》…… 28
うぐいす張《ば》りのろうか 15
うずらの卵《たまご》 …… 13
上衣《うわぎ》…… 10
泳法《えいほう》…… 28
大伴細入《おおとものさいにゅう》…… 32,35
掟《おきて》…… 6
落《お》とし穴《あな》 …… 15,16
帯《おび》…… 10
お札《ふだ》…… 16,19

か

懐剣《かいけん》…… 30
鉤縄《かぎなわ》…… 11,25
隠《かく》ればしご …… 14
隠蓑《かくれみの》の術《じゅつ》…… 30
かすがい…… 11,25
片足《かたあし》…… 23
刀隠《かたなかく》し …… 14
かた焼《や》き…… 13
加藤《かとう》段蔵《だんぞう》…… 35
飢渇丸《きかつがん》…… 13
聞《き》き筒《づつ》…… 21
刻《きざ》み足《あし》…… 23
起請文《きしょうもん》…… 6,7
狐走《きつねばし》り …… 24
木《き》の実《み》…… 12
脚絆《きゃはん》…… 10
鎖鎌《くさりがま》…… 30
九字《くじ》護身法《ごしんほう》…… 18,19
薬《くすり》…… 11,16,29
くノ一《のいち》 …… 30,35,36
クマザサ茶《ちゃ》 …… 12
クレ染《ぞ》め …… 10
携帯食《けいたいしょく》…… 13
甲賀《こうか》……
… 4,10,16,18,32〜35
甲賀《こうか》組《ぐみ》同心《どうしん》…… 33
甲賀流《こうかりゅう》忍術《にんじゅつ》屋敷《やしき》…… 16
腰玉《こしだま》…… 28
ゴマ…… 12
小宮山《こみやま》仁衛門《じんえもん》…… 5

さ

小音《さおと》聞《き》き…… 21
差《さ》し足《あし》 …… 22
三禁《さんきん》…… 6
三尺《さんじゃく》手《て》ぬぐい…… 11
サンショウ …… 20
地降傘《じおりがさ》…… 27
しかけ戸《ど》 …… 15
地侍《じざむらい》…… 33
忍《しの》び足《あし》…… 22
忍《しの》び装束《しょうぞく》…… 10
忍《しの》び筒《づつ》…… 21
忍秘伝《しのびひでん》…… 4
忍《しの》び六具《ろくぐ》…… 11
締《し》め足《あし》…… 22
邪避香《じゃひこう》…… 19
十字法《じゅうじほう》…… 19
縮地《しゅくち》…… 26
手刀《しゅとう》…… 19
正忍記《しょうにんき》…… 4
深草《しんそう》兎歩《とほ》…… 23
水渇丸《すいかつがん》…… 13
杉谷《すぎたに》善住坊《ぜんじゅぼう》…… 35
頭巾《ずきん》…… 10,11
すり足《あし》 …… 22
正心《せいしん》…… 6
正忍記《せいにんき》…… 4
石筆《せきひつ》…… 11
走法《そうほう》…… 24

た

滝川《たきがわ》一益《かずます》…… 35
玉《たま》だすき…… 13
多羅尾《たらお》四郎兵衛《しろべえ》光俊《みつとし》 35
段差《だんさ》…… 15,22
常《つね》の足《あし》…… 23
ツボ …… 29
手甲《てっこう》…… 10
天鼓《てんこ》…… 21
刀印《とういん》…… 19
導引術《どういんじゅつ》…… 29
燈火《とうか》目付《めつけ》…… 20
藤堂藩《とうどうはん》…… 32,33
動物《どうぶつ》の肉《にく》…… 13
跳《と》び足《あし》…… 23
どんでん返《がえ》し …… 15

な

なぎなた…… 30
ニラ…… 12
忍者《にんじゃ》屋敷《やしき》…… 14
忍術《にんじゅつ》伝書《でんしょ》……
… 4,5,12,24,26,30,33
ニンニク …… 12
抜《ぬ》き足《あし》…… 22
抜《ぬ》き手《て》…… 28
抜《ぬ》け忍《にん》…… 6
ネギ…… 12
野寄合《のよりあい》…… 33
野良着《のらぎ》…… 10

は

はかま…… 10
はき物《もの》…… 10
服部《はっとり》半蔵《はんぞう》…… 35
ハトムギ …… 12
萬川《ばんせん》集海《しゅうかい》…… 4,30,35
常陸坊《ひたちぼう》海尊《かいそん》…… 35
火種《ひだね》…… 11
秘密《ひみつ》のとびら …… 15
評定人《ひょうじょうにん》…… 33
ビワ茶《ちゃ》 …… 12
風魔《ふうま》小太郎《こたろう》…… 35
武家《ぶけ》屋敷《やしき》…… 15
藤林《ふじばやし》長門《ながと》…… 35
二重《ふたえ》息吹《いぶき》…… 24
干《ほ》し飯《いい》 …… 13
歩法《ほほう》…… 22〜24

ま

道糸《みちいと》…… 11
見張《みは》り場《ば》 …… 15
武者《むしゃ》隠《かく》し …… 15
無足人《むそくにん》…… 33
望月《もちづき》出雲守《いずものかみ》旧宅《きゅうたく》…… 16
望月《もちづき》千代女《ちよじょ》…… 30,35
物隠《ものかく》し …… 14
百地《ももち》丹波《たんば》…… 35

や

薬草《やくそう》…… 20,29
矢立《やた》て…… 11
山駆《やまが》け…… 25
横走《よこばし》り …… 24

ら

流派《りゅうは》…… 34

わ

わらじ …… 10

忍者《にんじゃ》に学《まな》ぶ 心《しん》・技《ぎ》・体《たい》

正伝《せいでん》 忍《にん》者《じゃ》塾《じゅく》 上巻《じょうかん》

協力
社団法人伊賀上野観光協会
伊賀流忍者博物館

写真／御堂義乘
イラスト／玉田紀子
編集・制作／株式会社 凱風企画

忍者に学ぶ 心・技・体
正伝 忍者塾 上巻

2011年11月29日 初版第 1 刷発行

監修／黒井宏光
発行者／鈴木雄善
発行所／鈴木出版株式会社
〒113-0021 東京都文京区本駒込6-4-21
電 話／03-3945-6611
FAX／03-3945-6616
振 替／00110-0-34090
ホームページ http://www.suzuki-syuppan.co.jp/
印刷／株式会社サンニチ印刷

©Suzuki Publishing Co.,Ltd. 2011

ISBN978-4-7902-3247-6 C8076
Published by Suzuki Publishing Co.,Ltd.
Printed in Japan
NDC 789/39p/30.3cm
乱丁・落丁は送料小社負担でお取り替えいたします

「保護者・指導者のみなさまへ」 この本では、忍者についてよく知ってもらうために、危険と思われる事柄でも、歴史的知識として必要と判断されるものは紹介しましたが、絶対にまねをしないでください。また、保護者・指導者のもとで適切に行えば体験可能な事柄は「実習」として区別して掲載してありますので、十分注意して行ってください。なお、万が一傷害や物的破損等が発生しても、監修者および発行者は一切の責任を負いません。